JN161775

似合う1枚が見つかる。きれいに着こなす。

大人のゆかた
スタイルブック

秋月洋子

講談社

はじめに

着物を着る機会はあまりなくても、ゆかたならば一枚は持っている、毎年一度は手を通す……そんな方も多いのではないでしょうか。夏の間、週末ごとにそこかしこで開かれる花火大会はもちろん、縁日やお祭りだけでなく、気軽なランチやショッピング、アクティブなところではライブや野外フェスなど、ゆかたの似合うシーンはかなり広がっています。洋服と変わりなく、おしゃれの一環として、街着として楽しむ方も増えたように思います。

かつてゆかたは夏を越すものではないといわれ、ひと夏で着つぶすものでした。日常着として汗をかく夏に散々着て、洗濯を繰り返し、くたくたになったら寝巻きにし、最後はおむつに……。そしてまた翌年、糊のきいた仕立て下ろしの一枚とともに夏を迎えたと聞きます。現代ではなかなかそこまで着るのは難しいですが、お気に入りのゆかたを見つけたら、なるべく多く着る機会を作り、夏の終わりに丁寧にお手入れをして、翌年また新鮮な気持ちで手を通す。そんな付き合い方ができたら素敵ですよね。

本書を通じて、ゆかたって楽しい、着たい！　と感じていただけたら嬉しいなと思います。いまどき縁台で団扇片手に夕涼み、なんていう風情ある景色にはなかなかお目にかかれませんが、日傘片手に街中を行く涼やかな後ろ姿や、すれ違いざまに涼風を感じるような美しい着こなしの女性なら、お目にかかる機会がまだまだありそう。思わず目で追ってしまうような、そんなゆかた姿の女性が一人でも多く増えることを願いつつ。

PART 1

カラーで選ぶ コーディネート

鮮やかに涼やかに色をまとう、それはゆかたならではの夏の醍醐味。洋服と違って全身がほぼ同じ色になるゆかたは、色選びがとても重要。一口に○○色、といってもその明度や彩度、素材感、柄や帯とのバランスなどで、さまざまな表情を見せてくれます。あなたをより引き立てる色を見つけてください。

＃１　藍色

きりりと涼やかに。年齢を
問わない王道の美しさ

＃２　白×青

さりげなく粋、意外とモダン。
いろんな表情を見せる白×青

＃３　ビビッドカラー

大人の余裕で着こなしたい。
夏ならではの色遊び

＃４　モノトーン

遊び心とセンスを発揮して
スタイリッシュにも小粋にも

＃５　ナチュラルカラー

素朴なコットンワンピース
みたいな着こなしを楽しんで

＃６　シャーベットカラー

見る人の目にも涼を呼ぶ。
ほんのり甘い、艶やか美人色

クラシカルな王道の魅力
鮮やかな納戸色が古典柄を新鮮な表情に

やや碧みを感じる、明るい納戸色に映える真っ白な萩の柄。流れるような配置と丸みのある柄が、すっきりとした爽やかさと大人のかわいらしさを兼ね備えた雰囲気に。透け感の美しい紗博多の半巾帯に、蜻蛉の帯飾りを揺らして。

ゆかた　綿コーマ地　萩柄(竺仙)　**帯**　紗博多半巾帯　縞に水玉柄(銀座津田家)　**帯飾り**　象牙に銀細工の蜻蛉(おそらく工房／衣裳らくや)　**履物**　絞りの鼻緒　紙布表の右近下駄(きものやまと)　**バッグ**　サイザル麻のトートバッグ(ノゥティー)　**手ぬぐい**　麻の葉柄(中川政七商店×にじゆら／にじゆら)

File #1
藍色
をまとう

ゆかたの色といえば藍と白。奢侈（しゃし）禁止令でそう定められていた江戸時代、わずかな差にもその魅力を見出した繊細な美意識によって、さまざまなニュアンスの藍が生まれました。すべての人に必ず似合う藍があり、日本女性をもっとも美しく見せてくれる色といってよいほど。ゆかたの王道ともいえる藍は古臭くも思われがちですが、帯合わせや小物使いなどコーディネートによって新鮮な表情を見せてくれる懐の深い色。その楽しみをぜひ味わってください。

大輪の花火が映える 夏の夜空を思わせる濃藍地

藍のみのグラデーションと深い艶のある濃藍の地が引き締めてくれるこんなゆかたなら、大胆な花火柄も大人っぽく楽しめそう。帯の縞の一色を鼻緒に散らして、素足の足元をほんのり色っぽく。透け感のある綿絽（めんろ）は濃色だとより涼やかな印象を増し、着ている本人はもちろん、見る人の目をも楽しませてくれます。ヘアやバッグに光る素材を添えて、夜のシーンにも映えるコーディネートに。

ゆかた 綿絽 花火柄(IKS COLLECTION／榎本) **帯** リバーシブル単博多半巾帯(西村織物) **帯留め・帯締め** ガラスビーズつき二分紐(きものやまと) **履物** 紅紫ぼかし鼻緒 塗りの駒下駄(きもの和處 東三季) **扇子** 漆地蛍柄(宮脇賣扇庵 東京店) **バッグ** シルバーのワイヤーバッグ(アンテプリマ／ワイヤーバッグ) **髪飾り** ラインストーンのかんざし(ノボルシオノヤ)

陽を受けた海中のような水浅葱(みずあさぎいろ)色に貝尽くし

さらりと肌触りのよい綿麻地に、まるで海の中を描いたような水玉と貝の柄のゆかた。せっかくならマリンカラーの帯に貝や珊瑚の帯留め、カモメの鼻緒にヒトデのバレッタなど、小物にもとことんこだわって遊び心満載の装いに。汗の足跡が気になる白木の下駄にはひんやりした涼感が心地よい麻の足袋をはいて。ボーダーの日傘を手にしたら、真夏の日中のお出かけも悪くないかも。

ゆかた 綿麻　水玉に貝柄(IKS COLLECTION／榎本) **帯** 絹芭蕉　波柄名古屋帯(紫織庵／GINZA和貴) **帯揚げ** 麻　藍白の無地(衿秀) **帯留め** 貝２種と珊瑚(松原智仁) **帯締め** 三分紐　水色×薄緑(awai) **履物** カモメの柄の鼻緒　白木右近下駄(楽艸) **バッグ** クリアバッグ(テンベア／ユナイテッドアローズ原宿本店 ウィメンズ館) **小風呂敷**(濱文様) **日傘**(ポー／カルネ ルミネ横浜店) **髪飾り** ヒトデのバレッタ（プリュイ／ストローラー）

きりりと小粋に マニッシュな褐色を着こなす

褐色とは黒に見えるほどの深い藍のこと。竹よろけ縞と翁格子の両面染めのゆかたは、本来は男もの。それをあえて女性が着るとその渋さがかえって女らしさを引き立てて、きりりと粋な中に抑えた色香が漂う、そんな風情に。透け感のないしっかりした綿の素材感は、衿をつけず素肌にさらりと着こなしたい。帯の柄に使われた翡翠色を小物で散らし、シャープなクラッチバッグでモダンな印象に。

ゆかた 両面染め 竹よろけ縞×翁格子(三勝) **帯** 型染め 麻名古屋帯(きものやまと) **帯揚げ** 絽 紺と白の染め分け(きものやまと) **帯留め・帯締め** 蜻蛉玉つき帯締め(rin no ne/伊勢丹新宿店) **扇子** 骨に竹の彫り 柿渋塗りの扇子(宮脇賣扇庵 東京店) **履物** 絽の鼻緒 コルク台草履(楽艸) **バッグ** ワイヤーのクラッチバッグ(アンテプリマ/ワイヤーバッグ) **髪飾り** U字型のかんざし(コレットマルーフ)

肌をきれいに見せてくれる 優しい藍とシックな焦げ茶

伊勢型を用いて一枚一枚手染めされる加賀染めのゆかた。半衿、名古屋帯を合わせたきちんとした着こなしはもちろんですが、こんなシックな兵児帯(へこおび)も意外としっくりなじみます。素足に心地よい下駄や繊細なかごバッグなど、上質感のあるナチュラルな小物を選んで。近所のお散歩やカフェでのんびり過ごす夏の昼下がりにぴったりな、大人の女性のかわいらしさを感じさせる装い。

ゆかた 綿絽　加賀染め　流水に楓(GINZA和貴)　**帯** 茶絣　綿兵児帯(源氏物語／堀井)　**履物** 柳の刺繍鼻緒　舟底下駄(黒田商店)　**バッグ** 本革と山葡萄のかごバッグ(かごや)　**手ぬぐい** 茶と紺の有平縞(濱文様)　**日傘** 晴雨兼用パラソル(グレイシィ／ムーンバット)

その大胆さが新鮮
昭和初期の復刻柄を兵児帯でモダンに装う

白地に紺、納戸、グレーの短冊柄が横段に配された綿絽のゆかた。同系色の兵児帯は、結ぶと裏のよろけ縞がちらりと見え、後ろ姿のアクセントに。足元には、跡を気にせず素足で履ける塗りの下駄を。日傘で鮮やかな挿し色を添えて。

ゆかた　綿絽　短冊柄（三勝）　**帯**　納戸色×グレーよろけ縞のリバーシブル兵児帯（くるり）　**帯飾り**　銀細工の燕（銀細工小銀杏／カンナスタジオ）　**バッグ**　ラフィア×シルバーのクラッチバッグ（ユナイテッドアローズ／ユナイテッドアローズ 原宿本店 ウィメンズ館）　**履物**　片身変わりの鼻緒　白塗り右近下駄（辻屋本店）　**日傘**　（京都一加）

File #2

白×青

をまとう

藍地と同じく白×青のゆかたは定番中の定番。その潔さが憧れではあるけれど、着こなしが難しそう……となかなか手が出せない方も多いのでは。素材感や色のバランスをうまく選べば、そのハードルはぐっと下がります。夜目にも映え、ただそこに佇むだけで日中の暑さを払ってくれそうな白×青のゆかた。洋服でいうシンプルな白シャツと同じで天然のレフ板効果も高く、美人度が上がること間違いなし。大人の着こなしに、ぜひトライしてみてください。

しっとりと粋すぎない優しい縞の着こなし

柔らかな藍の色、のびやかに秋草が絡んだアトランダムな縞がほどよい粋と華やぎを感じさせるゆかた。麻の質感が涼しげな半巾帯に、焦げ茶の帯揚げと夏組みの帯締めで引き締めた、カジュアルな大人の着こなし。足袋をはいてシザールの夏草履を合わせれば、衿なしでもきちんとした印象になり、足元を素足に下駄に替えればよりカジュアルな印象に。半衿を合わせて、着物風に着ても素敵です。

ゆかた 綿紅梅　縞に秋草尽くし(竺仙) **帯** 羅織　麻半巾帯(きものやまと) **帯揚げ** 縦絽　茶無地×蛍ぼかし(れん／衣裳らくや) **帯締め** ４色のレース組み(京都一加) **バッグ** ラタンのクラッチバッグ(カユ／ユナイテッドアローズ 原宿本店ウィメンズ館) **扇子** 短地に秋草(宮脇賣扇庵 東京店) **履物** 麻の鼻緒　シザール表の夏草履(辻屋本店)

竹影が揺れる夏の宵　艶やかに紅を散らして

涼やかな綿絽地に、竹影が揺れるさまを鮮やかに写し取ったゆかた。白場に映える蜻蛉の紅を小物で全身に散らして、深みのある紺青のグラデーションをより奥行き深く見せるコーディネートに。履いてしまうと足裏で隠れ、素足を縁取るようにわずかに見える下駄の赤が足の運びにつれてちらちらと目に入り、胸元に揺れる房飾りやかんざしの動きと相まって、想像以上に着映えのする一枚です。

ゆかた　綿絽　竹影に紅蜻蛉(紫織庵／GINZA和貴)　**帯**　芭蕉通風半巾帯(誉田屋源兵衛／京都一加)　**髪飾り**　ハンドメイドのかんざし(工房Minakusi／水金地火木土天冥海)　**ポーチ**　古布　絹製(椋／水金地火木土天冥海)　**履物**　白鼻緒　黒縁の塗りの駒下駄(楽艸)　**バッグ**　石畳編み胡桃かご(かごや)

素材感を味わう着こなしには きれい色でほどよい艶を

手仕事ならではのニュアンスが魅力的な絞りのゆかた。凹凸のある絞りは肌触りも心地よく着くずれしにくいので、長時間着ていても着姿をきれいに保てます。体のラインをやんわりカバーしてくれるという大人の女性に嬉しいメリットも。見た目にも着ている人にも涼やかな、もじり織の発色のきれいな名古屋帯にひんやりした質感の硝子細工の帯留めを添えて。足元は素足に塗りの下駄で軽快に。

ゆかた 綿麻紅梅 折り縫い締め絞りと手筋絞りのゆかた(きもの和處東三季) **帯** 紫麻八寸名古屋帯(IKS COLLECTION／榎本) **帯揚げ** 絽白鼠に水玉模様(きものやまと) **帯留め** 箔使いの硝子細工(田上恵美子作／グラスギャラリー・カラニス) **帯締め** 三分紐 白(京都一加) **バッグ** ビッグリボンのクラッチバッグ(ケイト・スペード ニューヨーク／ケイト・スペード ジャパン) **髪飾り** 房つきのかんざし(きものやまと) **履物** 絣の鼻緒 黒塗りの千両下駄(辻屋本店)

大人だからこそ着こなせる キッチュでポップな正統派

ともすれば幼くなりそうなパイン柄が、上質な紅梅地に伝統的な注染（ちゅうせん）という技法を用いて紺一色でシンプルに染めたら、こんなに新鮮な仕上がりに。この潔さが大人の女性の遊び心をくすぐります。リズミカルな縞がモダンな印象の半巾帯はあえて同色をセレクトし、帯飾りと下駄のつぼの赤、ロープをあしらったバッグでマリンな味つけを。フリルの日傘で少しだけ甘さを添えた着こなしを楽しんで。

ゆかた 綿紅梅 パイナップル柄（KAGUWA） **帯** 絹 縞の半巾帯（撫松庵／伊勢丹新宿店） **帯飾り** 紅瑪瑙（KAGUWA） **バッグ** ロープとシャイニーレザーのトートバッグ（ikot／トライオン） **履物** 白革鼻緒 塗り分け表の三味型右近下駄（KAGUWA） **日傘** リバティプリントフリルの晴雨兼用パラソル（マッキントッシュ フィロソフィー／ムーンバット）

よろけたラインとぼかしが
絶妙なニュアンスを生む個性的な一枚

素材感で魅せる帯は、こんなインパクトの強いゆかたも品よくまとめ、シンプルなゆかたには味わいを添えてくれる万能帯。素足に心地よく、脱いだときに目を惹く寄木細工の下駄で足元も軽やかに。半衿と足袋を合わせれば着物風にも。

ゆかた 綿紅梅　ぼかし横縞（きものやまと）　**帯** 芭蕉通風名古屋帯（誉田屋源兵衛／京都一加）
帯揚げ 麻　白茶無地（衿秀）　**帯留め** 硝子細工（京都一加）　**帯締め** 三分紐　焦げ茶（awai）
バッグ コルクのトートバッグ（ツル バイ マリコ オイカワ）　**履物** ぼかしの鼻緒　寄木細工表の舟底下駄（神田胡蝶／伊勢丹新宿店）　**日傘** 幾何学柄　晴雨兼用パラソル（コッカ／ムーンバット）

File #3

ビビッドカラーをまとう

着た人も見た人も元気になるような、瑞々しい生命力を感じるビビッドカラー。その魅力を全身にまとう楽しみを味わえるのはゆかたならでは。強い色を着こなすには、それに負けない主張のある帯合わせや小物使いがポイントです。単純にインパクトのあるものをぶつけるのではなく、抜け感や足し引きのバランスを意識すると、トゥーマッチにならず上品で新鮮さを感じる着こなしに。

手仕事の魅力あふれる木漏れ日みたいな絞りのゆかた

折りたたんだ跡が柔らかい縞になり、縦ラインを強調する折り縫い締め絞りのゆかた。しっかりした綿の絞りは適度にボディラインをカバーしてくれ、一枚で着ても透けなどもあまり気にせず気軽に着こなせます。刺繍の名古屋帯を合わせて足袋と草履をはいた着こなしなら、半衿がなくてもきちんと感が。美術館やギャラリーなど、足音が気になる先への日中のお出かけにもぴったりです。

ゆかた 青林檎色 折り縫い締め絞り(トリエ) **帯** 麻 アザミの刺繍名古屋帯(トリエ) **帯揚げ** 紗 藤色(くるり) **帯留め** 硝子細工(古川莉恵作／グラスギャラリー・カラニス) **帯締め** 三分紐 白にミントの縁取り(古今／日本橋髙島屋 呉服サロン) **バッグ** ミツバチビジューのついたクラッチバッグ(ケイト・スペード ニューヨーク／ケイト・スペード ジャパン) **履物** メッシュ表の草履(髙橋慶造商店)

夏の光を集めたような目に鮮やかな檸檬色

透け感のある綿絽に、白く際立つ輪切りの檸檬（レモン）が新鮮な印象を与える個性的な一枚。手描きのような素朴なタッチで染められた、老舗ならではの遊び心を感じさせるこんなゆかたは、潔くワントーンで着こなして。帯飾りにしたのは硝子細工のネックレス。胸元に揺れる光も、着こなしにリズムを生むワントーンコーディネートの強い味方です。クリアなバッグにはこっそり果物尽くしの手ぬぐいを。

ゆかた　綿絽　檸檬柄(竺仙)　**帯**　麻　ブロックチェックの兵児帯(トリエ)　**帯飾り**　硝子細工のネックレス(東穂高作／グラスギャラリー・カラニス)　**バッグ**　檸檬柄クリアバッグ(ラドロー／ユナイテッドアローズ 原宿本店 ウィメンズ館)　**手ぬぐい**　果物柄(にじゆら)　**履物**　麻鼻緒　右近下駄(IKS COLLECTION／榎本)

雪原に鮮やかな花が降るような2色使いの雪華絞り

万華鏡のような華やかさと手仕事の素朴な風合いが魅力の2色使いの雪華絞り。暖色ながら透け感のある織りが涼を感じさせる深い葡萄色の麻の帯で、大人っぽく引き締めて。柄に使われた青みの紫や白の帯を合わせたら、まったく違った表情を見せてくれそう。朝顔が描かれた絽の鼻緒が愛らしい舟底下駄は、素足で履いても足の跡が気にならず、艶のある塗りが素足をきれいに見せてくれます。

ゆかた 雪華絞り（きものやまと）
帯 麻レース半巾帯（きものやまと）
帯飾り 象牙 雪輪紋（月代作／和こもの花影抄） **バッグ** 半円形のブレードクラッチバッグ（れん／衣裳らくや） **髪飾り** コサージュ（SOIE:LABO／水金地火木土天冥海） **履物** 手描き朝顔柄の鼻緒 塗りの舟底下駄（伊と忠／日本橋高島屋 呉服サロン）

艶やかな大人のピンク
夜目にも映える大輪の花

思わず目を奪われる鮮やかなフクシャピンク、和名で言うなら唐紅(からくれない)でしょうか。幼さのつきまとうかわいいピンクではなく、大人の女性に艶やかに着こなしてほしい色。こんな暖色系も、透け感のある綿絽なら涼やかに着こなせます。余計な色は加えず、紗博多帯の艶のある白と同系色の小物で華やぎと抜け感をプラスして、発色のよさと大輪の菊花を最大限に活かすコーディネートに。

ゆかた 綿絽　板締め絞り大菊柄(竺仙)　**帯**　紗博多半巾帯　白地柳柄(京都一加)　**バッグ**　リボン型クラッチバッグ(アンテプリマ／ワイヤーバッグ)　**扇子**　紫の縞(宮脇賣扇庵 東京店)　**髪飾り**　ピンク瑪瑙のかんざし(ノボルシオノヤ)　**履物**　ホースヘアの鼻緒　白木小町下駄(くるり)

ゆかたの素材・織について

涼やかに着こなす――そのためには、色や柄だけでなく素材を吟味する必要があります。ゆかたにもさまざまな素材があり、透けの問題など、それぞれメリットやデメリットがあります。

暑い夏、実際に着ていたら汗もかきますし、どんなにきちんと着ていても多少の着くずれはあります。大人の女性に上質な素材をおすすめする理由はそこ。10代や20代前半なら、多少ぐずぐずしていてもかわいいで済みますが、年齢を重ねるとそうもいきません。でも、身になじむように着くずれるなら、それもまたきれい。涼しげにといっても、たとえばTシャツにショートパンツなんていう装いに比べたら、ゆかたはやっぱり暑いことは暑い。ですが、少しでも快適な着心地で、涼やかに楽に着こなしているように見える――という姿を目指して、上質な素材を選びましょう。

column1

綿麻（めんあさ）

綿と麻の交織。しゃり感があり、その割合によって透け具合が違う。透けの弱いものは、一枚でゆかたとして着られる。

麻（縮（ちぢみ））

麻100％の素材はハリがあり、生地の間を風が抜けやすく、また速乾性も高いので涼しい。透け感が強いので長襦袢が必要。

綿（平織）

コーマ地など。密に織られた透け感のない素材。丈夫で洗濯に強いうえ、ラフな印象で値段も手頃。半衿をつけず一枚で着る。

綿絽（めんろ）

絽目（ろめ）と呼ばれる縞状の隙間のある生地が特徴で、透け感が強く通気性が高いので、着ていて涼しい。半衿をつけて着物風の着こなしも。

綿縮緬（めんちりめん）

撚（よ）りをかけた綿糸で織られた、しぼのある素材。肌ざわりがよく柔らかい着心地。半衿をつけず、一枚で着たほうが似合う。

綿紬（めんつむぎ）

地厚でしっかりとした透け感のない素材。半衿をつけず一枚で着たほうが似合う。半衿をつけると6、9月の単衣の着こなしに。

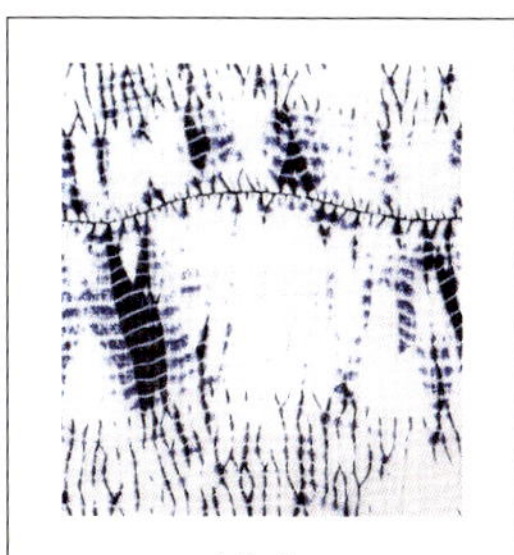

絞り

糸で括ったり板で締めたりして柄を染めたもの。凹凸があり着くずれしにくい。透ける素材を絞ったもの以外は、一枚で着たい。

絹紅梅（きぬこうばい）

太い綿糸と細い絹糸で、格子状もしくは縞状に織られたもの。透け感が強いので、長襦袢が必要。夏着物に近い感覚で着られる素材。

綿紅梅（めんこうばい）

太細の綿糸を織って格子状の畝（うね）を表したもの。この凹凸が肌触りのよさを生む。透け感があり、一枚でも半衿をつけて着物風にも。

帯の種類・素材について

どうしても重なりの多くなる胴回り。ここがポリエステル製だと通気性が悪く、汗をかいて蒸れることも。また、ゆるみやすいので着くずれもしやすくなります。麻の帯は扱いやすく、通気性抜群。芯を入れない単仕立てのものだといっそう涼しく着ていられます。ざっくりとした素朴な質感も魅力的。絹の博多帯は締め心地がよく、しっかり体を支えてくれるので着くずれ感が見えにくい。きりっと小粋な印象になります。

最近では大人の女性に似合う兵児帯も増えてきました。素材のよいものだと、難しい結び方をしなくても格好がつき、こなれた感じに。半巾帯や兵児帯なら気軽な着こなしに、名古屋帯を合わせればきちんとした印象になります。着たいシーンやイメージに合わせて使い分けるとよいでしょう。

兵児帯

もとは男性や子どもが締めていた布状の帯。大人の女性なら素材感を吟味して。

名古屋帯

着物に締める帯の中でもカジュアルなもの。ゆかたには夏素材の軽いものが合う。

半巾帯

幅約15㎝、長さ４m前後で、女性のゆかた帯としては最もオーソドックスなもの。

麻

ざっくりとした質感で素朴な風合いが特徴。通気性がよく、締めていても涼しい。

綿

しっかりとした厚手のものから、細い糸を用いた軽めのものまで質感もいろいろ。

絹

軽くて締め心地のよい博多織がベーシック。紗（しゃ）や羅（ら）など透けの強いものも。

大人がゆかたを選ぶときは

まずはイメージとライフスタイルを明確に

初めてゆかたを仕立てるという人も、すでに何枚か持っていて、今年はどんなゆかたにしよう？　と楽しい悩みに頭を抱えている人も、最初に考えてみてほしいのは、どんなシーンでゆかたを着たいと思っているのか、ということ。ここさえクリアにしておけば、あとはおのずと答えが見えてきます。たとえば近所の花火大会や縁日に着て行きたいなら、気軽な綿コーマ地のゆかたに半巾帯で。おしゃれなレストランや観劇にも着て行きたいなら、夏着物としても着られる素材をチョイス。半衿をつけて名古屋帯を締め、足袋をはいた装いに――。こんなふうにして、夏の計画やライフスタイルに合わせてゆかたを選んでみてください。ゆかた、帯ともに上質な素材を選ぶこと、そしてきちんとした着つけをベースにした清潔感のある着姿は、大人のお出かけゆかたにはマストな条件。自分もなるべく快適に、なおかつ周りの人たちが涼しく感じてくれるような夏の装いを目指したいものです。

Check List

◇◇◇

- □ 自分が求めるイメージを決める
- □ ライフスタイルに合わせた選択を
- □ 周りから見ても涼しい装いに
- □ ゆかた、帯ともに上質な素材を
- □ 清潔感のある着姿を大切に

夏の襦袢について

半衿をつけてゆかたを着物風に着こなしたいときに必要なのが、ゆかたの下に着る長襦袢です。長襦袢にもいくつか種類がありますが、麻の襦袢を1枚揃えておけば、ほかの夏着物を着るときにも使うことができるのでとても便利。それほど透け感のないゆかたを着物として着るのであれば、袖の部分が筒状になった、半衿つきの半襦袢を合わせても。半衿は夏の素材である麻か、絽を選びましょう。素肌にゆかたをさらりと纏うのも気持ちがいいものですが、半衿をつけ、長襦袢を着た"よそゆきゆかた"の楽しみを覚えると、着こなしの幅、着て行くシーンがぐんと広がります。

華やかに黒をまとう
紅を効かせた艶やかモノトーン

細い縦縞の織が粋な絹紅梅。着ると白の襦袢が透け、墨黒がふんわり柔らかな印象になります。真紅の紗献上の半巾帯を合わせ、シックながら艶のあるコーディネート。駒下駄を合わせたカジュアルな着こなしで夏のお出かけを楽しんで。

ゆかた　絹紅梅　立涌に乱菊(れん／衣裳らくや)　**帯**　紗博多半巾帯(銀座津田家)　**帯揚げ**　紗　刈安色(くるり)　**帯留め**　七宝(京都一加)　**帯締め**　白に赤の縞、二分半紐(れん／衣裳らくや)　**履物**　市松鼻緒　白木に脇塗りの駒下駄(衣裳らくや)　**バッグ**　ラフィアとクリア素材のクラッチバッグ(ikot／トライオン)

File #4

モノトーンカラーをまとう

洋服で着慣れている分、手に取りやすいモノトーンカラーですが、ゆかたは全身が同じ色になるため、着用したときに髪の色も含めると黒の分量が想像以上に多く、重い印象になってしまうことも。黒地は特に、素材感や柄の配置、白の分量を意識して選びましょう。ベースがモノトーンだとどんな色でも合うので、差し色の効果をより楽しめます。好きな色がゆかたの地色だと似合わないという人は、モノトーンのゆかたに帯で好きな色を取り入れても。

リズミカルな斜めラインがクールな着姿を演出

無地場の多い白は少々難易度高めですが、こんなモダンな縞ならスタイリッシュな着こなしに。苦みのきいたマスタードイエローを差し色に、ひと癖あるクラッチバッグや扇子などの小物で遊び心のある着こなしに仕上げましょう。白地の着こなしで忘れてはならないのが透け対策。コーディネートがどんなに素敵でも下着が透けていたりしたら台無しです。肌着などにも気を配り、後ろ姿も完璧に。

ゆかた 綿紅梅　双子縞（KAGUWA）**帯** 風通織 単博多半巾帯（西村織物）**扇子** 星柄（VERA PILO／ユナイテッドアローズ 原宿本店 ウィメンズ館）**バッグ** 和紙糸ビニール編みクラッチバッグ（エバゴス／マドリガル南堀江店）**履物** よろけ縞鼻緒　畳表右近下駄（辻屋本店）**日傘** リネン無地パラソル（月装／ムーンバット）

ブロックチェックはワンピースみたいな着こなしで

透けすぎず、素肌にも衿をつけても着られる綿麻素材。白～黒の分量がバランスよく、重くならずに着こなせます。昼間のお出かけでも夜のシーンでも着映えがしそう。日中のお出かけなら、片身変わりの半衿に足袋をはき、ころんと丸いかごバッグとハットを携えた洋服感覚の着こなしも素敵。花火や飲み会など気軽な席や、ライブなどアクティブなシーンなら半衿はつけず素足でカジュアルに。

ゆかた　綿麻　ブロックチェック(源氏物語／堀井)　**帯**　スパンコールつき半巾帯(月影屋／水金地火木土天冥海)　**半衿**　麻墨描き片身変わり(れん／衣裳らくや)　**帯締め**　縞三分紐（京都一加）　**帯留め**　オニキスと白瑪瑙(ノボルシオノヤ)　**バッグ**　柳とレザー(ikot／トライオン)　**履物**　縞鼻緒　鳥獣戯画の柄入り駒下駄(黒田商店)　**小物**　ブリムハット(センシ スタジオ)、ブレスレット(シークエンス／ともにユナイテッドアローズ 原宿本店 ウィメンズ館)

しっとり大人の朝顔
松煙(しょうえん)染めのニュアンスグレー

どちらかといえばかわいいイメージの朝顔は、大柄だと幼くなってしまう場合も。でもこんな配色ならしっとりとエレガントで、ぼかしの麻の兵児帯を合わせれば、地味になりすぎず、大人のかわいらしさが漂います。しっかり地厚の綿紬は透けを気にせず着られ、体のラインも適度にカバーしてくれる優秀素材。素足に心地よいゴマ竹表の下駄は夏だけの醍醐味。足元をクラスアップしてくれます。

ゆかた 綿紬 松煙染め朝顔柄(竺仙／水金地火木土天冥海) **帯** 麻の兵児帯(Kimono Factory nono) **バッグ** アンティークのウッドハンドルバスケット(ノゥティー) **履物** 真田紐の鼻緒 ゴマ竹表の右近下駄(銀座ぜん屋本店) **髪飾り** 銀細工の金魚のかんざし(かぶ作／和こもの花影抄)、天然石のかんざし(ノボルシオノヤ)

アンティークの帯を主役に
クールビューティーな麻の装い

薄墨色と千草鼠の横段ぼかしの小千谷縮に、葡萄が描かれたアンティークの芭蕉布の帯の組み合わせ。葡萄の一粒みたいな蜻蛉玉のついた帯締めを添えて、帯が主役の着こなしです。半衿、帯揚げ、足袋に鼻緒……と、ところどころに散らした白がハイライト効果を発揮し、すっきりとした着姿に。カジュアルなお出かけなら大きめかごバッグ、観劇やお食事なら小ぶりなバッグに替えて。

ゆかた　小千谷縮　横段ぼかし(awai)　**帯**　アンティーク　芭蕉布名古屋帯(灯屋２銀座店)　**帯揚げ**　絽ぼかしに墨の輪(れん／衣裳らくや)　**帯締め**　蜻蛉玉つき帯締め(くるり)　**扇子**　天籐(文扇堂)　**バッグ**　石畳編み山葡萄かご(水金地火木土天冥海)　**履物**　網代表の草履(くるり)　**髪飾り**　クリア素材の玉かんざし(きものやまと)

着る人をきれいに見せる ナチュラルでベーシックな美しさ

うっすらと絣(かすり)の見える柔らかな生成の綿紬地に、繊細な線とグラデーションで撫子(なでしこ)の縞が染められたゆかた。甘さとシャープさのバランスがほどよく、年齢を問わず着こなせる一枚です。深い紫紺の帯や小物で引き締めたら、より甘さが際立つコーディネートに。

ゆかた 綿紬 撫子の縞(竺仙) **帯** 麻無地半巾帯(竺仙) **帯締め** 藍白のレース組み(きものやまと) **扇子** 紺斜め格子(銀座かなめ屋) **バッグ** ラフィアのバッグ(アンテプリマ/ワイヤーバッグ) **履物** 撫子の刺繍鼻緒 白木右近下駄(夢工房/伊勢丹新宿店) **日傘** 二重張りの晴雨兼用パラソル(れん/衣裳らくや)

File #5

ナチュラルカラーをまとう

身にまとうとなんだか安心するような、素朴な風合いが魅力のナチュラルカラー。主張しすぎず、でも無難すぎず、着る人の個性を引き出し、自然体できれいに見せてくれる色です。購入の際には、ファンデーションを選ぶように自分の肌との相性を見て､顔映りのよいものを選びましょう。同系色の帯を合わせるときは、のっぺりとした印象にならないよう、色を効かせたり、小物でアクセントをつけたりすると引き締まった印象に仕上がります。

墨色の葉が甘さを抑えて
大人かわいい小菊柄

白地の綿絽に、シックな墨色の葉と黄色い小菊の愛らしさ。甘辛バランスが絶妙なゆかたは、花柄のワンピースみたいな気分で着こなして。オレンジのグラデーションが美しい粗紗の博多帯を合わせ、ゆかたの柄とよく似た小花モチーフが封じ込められたクリアな玉かんざしを髪に添えたら、後ろ姿も印象的に。深緑や墨黒など、渋めの帯に替えればぐっと大人っぽく。着回しも楽しみな一枚です。

ゆかた　綿絽　小菊柄(井登美)　**帯**　粗紗博多半巾帯(西村織物)　**髪飾り**　クリア玉かんざし(きものやまと)　**バッグ**　ビーズ刺繍(JAMIN PUECH／H.P.FRANCE〈本社〉)　**手ぬぐい**　斜め格子(にじゆら)　**履物**　細革鼻緒　白木駒下駄(水金地火木土天冥海)

艶やかな大輪の牡丹をシックに着こなす

シックで華やかさがあり、かわいすぎず粋すぎず、個性的で、でも悪目立ちせず上品で……そんなわがままな希望を兼ね備えた一枚。大きな花柄は着てみたいけどちょっと気恥ずかしい、という方でも着こなしやすいのでは。トーションレースの麻半巾帯で、落ち着いた中に少し甘いニュアンスを。濃い色の小物で引き締めたら、ヘアもさりげなくまとめ、素朴な味わいのある手彫りの木のかんざしを。

ゆかた 綿紬 松煙染め 緑青色に牡丹(竺仙／水金地火木土天冥海) **帯** 麻 トーションレースの半巾帯(IKS COLLECTION／榎本) **髪飾り** 黄楊のかんざし(れん／衣裳らくや) **扇子** 焦げ茶レース地(宮脇賣扇庵東京店) **バッグ** みだれ編みあけびかご(かごや) **履物** 水玉鼻緒白木右近下駄(髙橋慶造商店)

柳に蛙、金魚を添えて夏の水辺の風情をまとう

シャリ感のある綿麻に染められた、動きのあるしだれ柳が粋な印象のゆかた。墨〜緑の柳の濃淡と、縦に入った墨色の絣が相まってよりニュアンスを感じる風合いに。蓮の葉に乗った愛嬌のある蛙が刺繍されたアンティークの麻名古屋帯を合わせ、金魚の帯留めを添えれば水辺の風情。帯揚げの焦げ茶、蓮の花とつぼの赤、バッグの持ち手など、小さく散らした濃色がコーディネートの引き締め役に。

ゆかた　綿麻　しだれ柳柄(源氏物語／堀井)　**帯**　アンティーク麻刺繍名古屋帯(灯屋2銀座店)　**帯揚げ**　絽　三色ぼかし(れん／衣裳らくや)　**帯留め**　銀細工　琉金(茂虎作／和こもの花影抄)　**帯締め**　薄藤三分紐(衣裳らくや)　**帯飾り**　蜻蛉玉(田上惠美子作／グラスギャラリー・カラニス)　**扇子**　薄紫無地(くるり)　**バッグ**　ラタン(ikot／トライオン)　**履物**　白革鼻緒　和紙表畳草履(楽艸)

レトロモダンな更紗柄配色で新鮮な印象に

白の綿紅梅に素朴な力強さのある更紗柄（さらさがら）が染められた1枚。配色が新鮮で、都会的なモダンさも感じさせます。渋い色でかわいくなりすぎず着こなせる、ふわふわの素材感が印象的なオーガンジーの兵児帯は、ボリュームがあり適当に結んでも様になるので兵児帯初心者にもおすすめ。足元には、太めの鼻緒と網代表が素足でも肌あたりがよく、長く歩いても痛くなりにくい右近下駄を合わせて。

ゆかた 綿紅梅　更紗柄(IKS COLLECTION／榎本) **帯** オーガンジーの兵児帯(京都一加) **扇子** 透かし柄(銀座かなめ屋) **バッグ** 紅藤とオイルレザーのかごバッグ(エバゴス／マドリガル南堀江店) **履物** 格子の鼻緒　網代表右近下駄(伊と忠／日本橋髙島屋 呉服サロン) **日傘** 黄色細縞 晴雨兼用パラソル(マッキントッシュ フィロソフィー／ムーンバット)

着る人にも見る人にも涼を呼ぶ
ひんやりクールな麻の着こなし

白、薄墨、月白、青藤と、涼やかな色を繰り返し刷いたような近江縮。柄づけが個性的な麻の名古屋帯が後ろ姿を印象的に見せてくれます。カジュアルなお出かけにも、観劇やホテルでの食事など少しきちんと着こなしたいときにもぴったり。

ゆかた 近江縮 横段ぼかし(源氏物語／堀井) **帯** 麻 萩の丸と秋草柄 型染め名古屋帯(れん／衣裳らくや) **帯揚げ** 絽 藤色×檸檬色(れん／衣裳らくや) **帯留め・帯締め** アンティーク黄水晶 三分紐つき(きもの和處 東三季) **バッグ** コルクのクラッチバッグ(ツル バイ マリコ オイカワ) **履物** 白革鼻緒 パナマ表草履(辻屋本店) **日傘** ベージュ麻無地パラソル(月装／ムーンバット)

File #6

シャーベットカラーをまとう

ゆかたの着こなしでもっとも大切なのは、〝涼しげであること〟。どんなにこだわった装いでも、見る人に暑苦しさを感じさせるようでは素敵な着こなしとは言えません。ただでさえ暑い夏、"涼しげに見える"だけでも美人度が上がるというもの。きれいなシャーベットカラーを着こなして、周囲の人に涼をプレゼントしてみては。ヘアやメイクも、盛りすぎてはせっかくの涼感が台無し。ヘアはすっきりとまとめ、透明感のある瑞々しいナチュラルメイクで涼やかに。

北欧のテキスタイルみたいなポップな柄を楽しむ

爽やかなミントカラーにリズミカルな柄が印象的な綿絽のゆかた。ひんやりクールな艶のある博多帯に、帯飾りにしたクリスタルクォーツのネックレス、日傘のハンドルなど透明感のある小物を添えて。強い色が小さく散らされたポップな小物がコーディネートの引き締め役。ヘアも盛りすぎずにすっきりとまとめ、目元や指先もアイシィカラーやクリアなイメージで統一すると洗練された印象に。

ゆかた 綿絽 ミントグリーン葉柄(三勝) **帯** 白地絣縞 博多半巾帯(きもの和處 東三季) **帯飾り** 雫形クリスタルクォーツのネックレス(マーキスアンドペアシェイプ/サルクル) **バッグ** ヴィンテージのビーズバッグ(きもの和處 東三季) **履物** タイシルクの鼻緒 白木の右近下駄(楽艸) **日傘** 晴雨兼用パラソル(ポー/カルネ ルミネ横浜店)

白が透ける絹紅梅なら暖色系も涼やかに

大輪の乱菊の柄が華やかな絹紅梅。杏のシャーベットみたいな甘い地色は、襦袢の白が透けるとより優しい印象に。桔梗の帯留めに鉄線の扇子と夏の終わりから秋にかけての花々を取り合わせ、友人とのランチや寄席など気軽なお出かけなら、半巾帯に足袋、下駄を合わせたカジュアルな着こなしで。名古屋帯を締めて草履に替えれば、観劇や目上の方とのお食事など、きちんとしたい席にも似合います。

ゆかた 絹紅梅　乱菊柄(竺仙)　**帯** 麻ぼかし半巾帯(紫織庵／日本橋髙島屋 呉服サロン)　**半衿** 麻無地(衿秀)　**帯留め** アンティーク　木彫の桔梗(灯屋２銀座店)　**帯締め** 二分紐(れん／衣裳らくや)　**扇子** 透かし柄(銀座かなめ屋)　**バッグ** ラフィアのトートバッグ(ikot／トライオン)　**履物** 真田紐の鼻緒　鎌倉彫高右近下駄(銀座ぜん屋本店)

繊細なタッチで描かれた宵闇に浮かぶ線香花火

淡い白藤色にゆかたの技法としては珍しく金銀で線香花火が描かれたゆかたは、紫の濃淡に金銀が映えて繊細で幻想的な雰囲気。白と銀鼠（ぎんねず）の硬質な艶がクールな印象の博多帯に、バッグやかんざしで光る素材をプラスすれば夜のパーティーシーンにも。紙布表（しふおもて）の下駄は素足にも爽やか。素足で着こなすなら、ペディキュアまで気を配って。シルバーラメやストーンなどで、指先に上品な煌（きら）めきを。

ゆかた 綿の変わり織 線香花火柄（誉田屋源兵衛／京都一加） **帯** 白×銀鼠 博多単半巾帯（銀座津田家） **帯締め** 銀鼠 細冠組み（れん／衣裳らくや） **帯飾り** バロックパール（KAGUWA） **扇子** 月と桔梗（銀座かなめ屋） **バッグ** シルバーのクラッチバッグ（ケイト・スペード ニューヨーク／ケイト・スペード ジャパン） **履物** 絞り鼻緒 紙布表右近下駄（きものやまと） **髪飾り** クリスタルクォーツのヘアジュエリー（プリュイ／ストローラー）

動きとともに揺れる兵児帯が涼を誘う後ろ姿

舞い落ちるような菊の葉が印象的な綿絽のゆかた。地を埋め尽くすように染められたむじな菊の柄がまるでレースのようで、大人っぽいけれどどこか甘さのある雰囲気。小千谷縮の兵児帯を少しコンパクトに結びシンプルに着こなしたい。こんなゆかたには、メイクも色みを抑えた透明感のある瑞々しい雰囲気で。衿をつけて名古屋帯を合わせれば、小紋のような華やぎのある装いに。

ゆかた 白練色　むじな菊　髙島屋限定色※販売はプレタのみ(夢工房／日本橋髙島屋 呉服サロン)　**帯** 麻　小千谷縮兵児帯(竺仙)　**手ぬぐい** ほおずき柄(にじゆら)　**髪飾り** 蜻蛉玉かんざし(くるり)　**バッグ** ラトビア製柳のバスケット(かごや)　**履物** 型染めの鼻緒　白木千両下駄(銀座ぜん屋本店)　**日傘** レースのパラソル(ノッティー)

PART 2

ゆかたを買いに行こう

初夏を前にした季節。呉服店やデパートには、ゆかたの反物（たんもの）が並びはじめます。〝大人のゆかた〟を楽しむためには、自分サイズでのお仕立てが断然おすすめ。どんなことに気をつければ満足のいくゆかたを手にすることができるのか、反物から下駄の選び方まで、ゆかたの買い方についてご紹介します。

お仕立てのススメ

すでに仕立て上がっている「プレタゆかた」もありますが、大人の女性には反物から仕立てることをおすすめします。たくさんの色や柄、素材などから好みにあった一点を選ぶのは、胸躍る時間。そして自分の体にぴったり寄り添うように仕立てた、世界に一枚だけのゆかたは、着くずれ知らずの着心地も含めて、大人の女性だけの特権といえるかもしれません。上前にくる柄の配置について相談したり、サイズについての細やかなリクエストを出したり……。これから先、長く着られる上質なゆかたと出会うために、ぜひお仕立てにチャレンジしてみてください。

1

ゆかたを仕立てよう

初心者はデパートが気楽

さまざまなメーカーの反物が豊富に揃っていて、選択肢が多いのがうれしいデパートの呉服売り場。初めから呉服店を訪ねるのは気後れするという人は、まずはデパートをのぞいてみて。

ココで買いました

日本橋三越本店
本館４Ｆ きものサロン
東京都中央区日本橋室町 1-4-1
☎ 03-3241-3311（大代表）

髪が長い人は
ゴムなどを用意！

すっきりとしたシルエットと衿元の服で行きましょう

はおったり、反物をあてたりしたときに着姿のイメージがわきやすいよう、タイトなシルエットの服装で出かけましょう。衿元はタートルネックなどつまりぎみのものは避けて。試着時に透けないよう、柄や色が強くない服がベストです。

Q&A about YUKATA

初めて買います。
似合う色柄がわかりません！

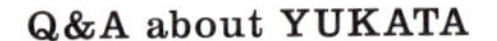

まずは自分の〝好き〟という感覚を大切に

ひと通りフロアを見たら、最初に「これが好き！」と感じたインスピレーションに従って手に取ってみてください。体にあててしっくりこなかった場合は、色の濃度を調整したりしながら全身のバランスを整えていきましょう。たとえばレモンイエローなど、「着てみたいけれどちょっと勇気がいるかも……」という色の場合は、帯や小物で取り入れるコーディネートも楽しいですよ。

いろいろな素材、色との相性をチェック

反物をあてて顔映りや全身の印象をチェック。白地のゆかたは下着にも気配りが必要なので、不安な人は白の面積が少ないほうが安心です。つわぶきの葉柄の綿紬（右）は、デニムのようなしっかり素材。洋服では普段選ばない大胆な色や柄を選べるのも、ゆかたの楽しさ。

Q&A about YUKATA

着物風に着たいのですが……

麻や紅梅織などを選びましょう

半衿をつけて着物のように着たい場合は、素材選びがポイントになります。着物風の着こなしにおすすめなのは、麻、綿絽、紅梅織（絹・綿）、透け感のある綿麻などの素材。ゆかたを着物風に着るときの〝半衿×足袋×帯〟の組み合わせのルールについてはさまざまな考え方がありますが、私の場合は半衿をつけたら必ず足袋もはく。半衿をつけない着こなしの場合は、半巾帯か名古屋帯かにかかわらず素足でもOK！　としています(P79参照)。

Q&A about YUKATA

「お仕立て」って
上級者な感じがします

**着つけもしやすく着くずれにくいので
初心者にこそおすすめ！**

標準体型であれば仕立て上がりのゆかたでもOKなことが多いのですが、手足が長い、背が低い、ふっくらしているといった人にはお仕立てがおすすめ。〝お仕立て＝自分の体型に合わせたオーダーメイド〟ですから着つけもしやすく、着くずれも少なくてすみます。

合わせる帯次第で
印象がかなり
変わりますね

雪輪柄の綿絽ゆかた（反物・笠仙／日本橋三越本店 きものサロン）
つわぶきの葉柄の綿紬ゆかた（反物・笠仙／日本橋三越本店 きものサロン）

Q&A about YUKATA

体型や肌色で選ぶ
ポイントは違いますか？

ルールではなく本人のキャラクター次第

たとえば小柄な人に大きい柄は似合わないから避けたほうが無難、といわれることがありますが、一概にはあてはまりません。色や柄に関しては一般的なマニュアルやセオリーよりも本人のキャラクターに合っているかどうかが大事なので、まずは試してみてください。

気に入った反物と帯でまずはひと揃え

反物を選んだあとは、いくつか帯を合わせてみて。帯で印象がガラリと変わることに気づくはずです。気に入ったコーディネートが見つかったら、帯と反物の両方を購入するのがおすすめ。もしすでに半巾帯を持っていたら、買うときに持参して、その帯に合う反物を探すのもいいでしょう。

お仕立てゆかたの予算は？

ゆかた（綿絽・雪輪柄）

生地代	￥33000
衿裏	￥500
水通し	￥3000
手縫い仕立て	￥22500
広衿仕立て	￥3000
居敷あて工料	￥2500
半巾帯（麻）	￥22000

※上記の価格は変動する場合があります。お店によっても違うので購入前に確認を。

この日セレクトした反物の素材は綿絽ですが、綿コーマ地なら1万円台から揃いますし、素材によって値段はかなり違います。また、「手縫い」でなく「ミシン仕立て」にするなど、予算に合わせて選んでみて。

お気に入りの一枚が見つかったら採寸します

反物を選んだら、体の採寸をしてもらいます。バスト、ヒップ、裄（ゆき）（腕の長さ）を採寸してもらい、身長は口頭で伝えるところが多いようです。ゆかたは着物より裄が短くてもよいという考えの店もあるので、もしも自分なりの希望がある場合は採寸のときに伝えましょう。手首の骨のあたりが見えるかどうかくらいの裄が、美しくゆかたを着こなしたい大人の女性にはベストだと思います。

POINT ①
「居敷（いしき）あて」はどうする？

紅梅織や麻などの素材のほか、白地などの透ける生地の場合は居敷あてをつけてもらうと安心です。脚が透けるのを防ぐためにも、お尻の部分だけではなく裾までつけてもらいましょう。

POINT ②
衿は「バチ衿」？「広衿」？

半衿をつけて着物風に着られる素材の場合には、広衿に仕立てておくとよいでしょう。胸元の薄さが気になる方は、ゆかたとして着る場合でも広衿に仕立てると、ふっくらと見える補整効果も。

折らずに着られるバチ衿（左）。衣紋の部分を半分に折り、衿の幅を調節して着られる広衿（右）。

2

下駄をあつらえよう

選ぶポイントは 台の「形」と底の「歯」

大人のゆかたコーディネートにおいて、さりげなくも大きな役割を果たす下駄。台の形や底の歯が選ぶ際のポイントになります。草履（ぞうり）のような形の船底下駄（A）は、ゆかたを着物として着るときもOK。きちんとしたパンプスに近いイメージです。船底よりもかわいらしくて素朴な右近下駄（B）は、ミュールやサンダルのようなものと考えて。船底と右近は履きやすさも兼ね備えています。駒（こま）下駄など歯のある下駄（C）は粋な印象。カランコロンといい音がするので、美術館や歌舞伎座など静かな場へのお出かけには不向きです。このほか、底が斜めになっている千両下駄（のめり下駄）、高さのある高右近、四角い台の形が特徴的な三味（しゃみ）型などがあります。

Q&A about GETA

歩きやすいのはどんなタイプ？

底が平らでゴムつきの台を

駒下駄など歯のあるタイプは、慣れるまでは歩きづらいもの。最初は船底や右近など底が平らな台のものを選ぶとよいでしょう。木製の底でアスファルトの上を歩くとあっという間にすり減ってしまうので、購入したら裏にゴムを貼ってもらうことを忘れずに。

ゆかたとのコーディネートを考えながら下駄選びを

下駄だけで見ると華やかでかわいらしくても、ゆかたとコーディネートするのが難しいというものもあります。ゆかたや帯とのバランスを見ながら選ぶことを心がけて。もしもひと目惚れした下駄があったら、下駄からゆかたのコーディネートを考えてみるのも楽しいですよ。鼻緒(はなお)の素材選びは、ゆかたのときにしかはかないのか、着物のときにもはきたいのかによって違ってきます。また赤のつぼをルージュ的に効かせるのもおしゃれです。

下駄からコーディネートを考えるのも楽しいですよ!

Q&A about GETA

いつも足に合わなくて
鼻緒ですれてしまいます

自分の足ぴったりに調整すれば痛み知らず

まずはあまり細くない鼻緒を選ぶことが肝心。内側に入っている芯が硬かったり、縫い目が粗かったりするとすれる原因に。足と接する鼻緒の裏部分が柔らかいものを選ぶことも大切です。台と鼻緒を選んだら、自分の足の甲や幅にぴったり合うよう、職人の方にすげてもらいましょう。それでも心配な場合は、すれそうな場所にあらかじめベビーパウダーをはたいたり、目立たないように絆創膏を貼っておくなどの対処を。

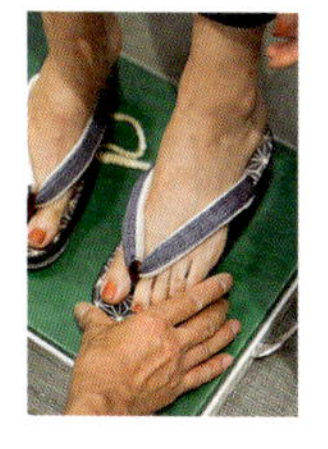

※神田胡蝶(日本橋三越本店 きものサロン内)で購入。
台￥10500、鼻緒￥6000(工賃は無料)

column4

仕立て上がりを買うときは

麻の葉柄の綿絽ゆかた（仕立て上がり）
・古今／日本橋三越本店 きものサロン

実際にはおって着られるのが仕立て上がりのいいところ

着つけのしやすさなどから考えても、大人のゆかたは反物からのお仕立てがおすすめですが、「どうしても今週末の花火大会でゆかたが着たい！」 など時間がないというときには、すでに仕立て上がっている「プレタゆかた」が便利。デパートの呉服売り場に駆け込んで、サイズが合うものが見つかればすぐに着ることができます。仕立て上がりのゆかたを選ぶときのメリットは、その場でさまざまな色や柄のゆかたを、実際にはおって試せるということ。顔周りにあてるだけよりもはおってみたほうが全身のイメージをつかみやすいので、気になるものがあったら試してみましょう。同じ柄でもお仕立ての仕方によって柄の出方が違うものもあるので、そのあたりもチェックして。仕立て代がかからないので、割安感があるのもうれしいところです。

「お仕立て」派 VS「仕立て上がり」派
どっちが好み？

お仕立て	仕立て上がり
・反物の選択肢が多い	・はおって試せる
・理想の柄行きが出せる	・すぐに着られる
・体型に合わせて作れる	・割安感がある
・着つけがしやすい	・標準体型なら選択肢多め

Q&A about YUKATA

ゆかたを着慣れていない私。
気をつけたい所作を教えて

**ほんの少ししぐさに
気を配れば美しい着姿に**

美しい所作を意識することは、着くずれを防ぐことにもつながります。ゆかたに限らず着物を着たときは背筋をまっすぐにすることが重要。肩甲骨を真ん中に寄せてから下げるような感覚で、軽く胸を張りましょう。歩くときは下駄を引きずらないように気をつけて。ゆかたは腕の上げ下げで着くずれるので、腕を上げてむき出しにはしないように。階段の上り下りには上前を少し持ち上げる、車に乗るときには腰から先に……、などちょっとの心がけで、さらにきれいな着姿になれますよ。

Q&A about YUKATA

花火大会、お祭り……
カジュアルな場所でのルールは？

**周りとのバランスを見ながら
コーディネートを考えて**

花火大会やお祭りは、カジュアルな綿コーマ地のゆかたに半巾帯、素足に下駄でOK。逆にこういったシチュエーションでは、半衿をつけて足袋をはき、名古屋帯を合わせるほうが浮いてしまう気がします。Tシャツとジーンズのようなファッションの人が多い場所に、スーツやドレスの人が来たら……？　と想像してみてください。周りの人たちにも気を使わせてしまいますし、野暮な人になってしまうことも。周りとのバランスを見ながら、コーディネートを考えてみましょう。

Q&A about YUKATA

ゆかたを着たときの
バッグの中身を教えて

**いざというときのための
〝安心セット〟をしのばせて**

ベンチに座るときに敷いたり、食事の際にひざにかけたりできる手ぬぐいもしくは大判のハンカチ、そして扇子は必需品。それに加えてバッグの中には、いざというときに役立つ自分なりの〝安心セット〟を入れておくとよいでしょう。ゆかたを着慣れていない人はトイレに行くときに裾を上げて留められるよう、クリップがひとつあると便利です。真夏日には、肌着に吹きつける冷却スプレーに助けられることも。鼻緒ですれてしまったときのために、絆創膏も入れておくと心強いですね。

Q&A about YUKATA

レストランや歌舞伎座……
あらたまった場所でのルールは？

**おしきせのルールではなく
シチュエーションで判断を**

比較的きちんとした場所では、半衿をつけて足袋をはき、名古屋帯にしたほうが安心です。とはいえ、カジュアルなシーンと同様に、周りの人たちとのバランスを考えることが大切。たとえば歌舞伎座の1階席にゆかた（着物風）で行ったら周りも自分も居心地が悪くなりますが、3階席なら大丈夫。ワンマイルウェアでよい場所なのか、もっときちんと感が必要なのか。大人がゆかたを楽しむためには、ルールで決め込まず、それぞれのシチュエーションで判断する気配りが必要です。

PART 3

ゆかたの
コーディネート
ポイント

憧れの白地に華やかな多色使い、インパクトの大きい柄。いつかはと思いつつ着こなしが難しそうと敬遠したり、手元にあるもので悩んだりしていませんか？　でもポイントをおさえれば、着こなしはそれほど難しくありません。ここではちょっとしたコーディネートのコツをご紹介します。

着こなしのポイントを知ろう

温泉旅館風にならない
白地ゆかたの着こなし方は？

→ P62 ～

色数の多いゆかたに
合わせる帯は？

→ P66 ～

大胆な大柄ゆかたは
どう着こなす？

→ P70 ～

細かい柄のゆかたを
地味にしないためには？

→ P74 ～

温泉旅館風にならない白地ゆかたの着こなし方は？

白地のゆかたを街着として着るなら、おさえたいポイントがあります。それは、素材、柄、コーディネート、下ごしらえの4点です。まずは素材。寝巻きや踊りの稽古着によく使われる綿コーマなどは避け、透け感のある綿絽や紅梅など上質な素材を選びましょう。そして、できるだけ単純な白場が少なく、適度なメリハリと華やぎのある柄を。縦に流れるのびやかな柄（左頁）や細かい柄がつながったもの（65頁）、柄が大きく白場の少ないもの（17頁）など。色使いも、グラデーション（左頁）や小さくアクセントカラーが加えられているようなもの（65頁下）がおすすめです。

素材感を吟味して
華のある白を着こなす

ゆかた 綿絽 百合柄(竺仙) **帯** 芭蕉通風半巾帯(誉田屋源兵衛／京都一加) **バッグ** ラフィア布つきバスケット(ユナイテッドアローズ／ユナイテッドアローズ 原宿本店ウィメンズ館) **履物** 雪輪模様鎌倉彫の三味型下駄(くるり) **日傘** 麻の二重張りパラソル(月装／ムーンバット)

シンプルすぎる帯では白地ゆかたの持つラフさが強調されてしまうので、凝った素材の帯などを合わせて、洗練された雰囲気をプラス。小格子の赤い名古屋帯(上右)は、花柄の愛らしさと白紺の配色を際立たせた軽快な装いに。単純な赤を合わせると子どもっぽくなるので、ここでも素材感が大切です。半衿はつけず、素足に下駄で軽やかに。百合の持つエレガントさをより高めたいなら紗博多の名古屋帯(上左)を。

着こなしやすい白地なら
たとえばこんなタイプも

上／**ゆかた**　綿絽　長板染め向日葵柄（トリエ）
下／**ゆかた**　綿縮緬　朝顔柄（ひでや工房）

濃い色も、紗博多帯なら涼感を保ちつつ引き締めてくれます。半衿に足袋と夏草履（なつぞうり）を合わせれば日中のお出かけに、半衿なしで素足なら花火大会や気軽な飲み会に……と着回しの幅も広がります。最後に、いちばん大切な要素が下ごしらえです。下着の柄やラインが透けていては台無し。タイトな白いワンピースを着るつもりで、響かない下着を選び、後ろ姿は厳重にチェックしましょう。

P64右／**ゆかた**　綿絽 百合柄（竺仙）　**帯**　小格子 麻八寸名古屋帯（竺仙）　**帯揚げ**　檸檬色紋紗（れん／衣裳らくや）　**帯締め**　レース組み苧環つき帯締め（京都一加）　**扇子**　麻無地（宮脇賣扇庵 東京店）　左／**ゆかた**　同右　**帯**　紗博多八寸名古屋帯（トリエ）　**帯揚げ**　麻瓶覗きと薄藤のぼかし（衿秀）　**帯留め**　モレッティガラス（一見恵作 れん／衣裳らくや）　**帯締め**　二分紐（れん／衣裳らくや）　**かんざし**　アンティークの紫水晶玉かんざし（丸山美術／アンティークモール銀座）

色数の多いゆかたに合わせる帯は？

使われている色数が多いゆかたのコーディネートは実は簡単。でも、ただ単純に「合う」ということと、それが「素敵」かどうかということは、また別の話です。

多色使いのゆかたの中でも、左頁のように、分量の多いメインカラーとぴりっと効いたアクセントカラーが2~3色といった配色のものは、もっともコーディネートがしやすいタイプ。柄の一色を取るという簡単な方法で、無難にならない着こなしをかなえてくれます。ここでの選択肢としては、柄色の紫、黄、赤、緑。そして、地色のベージュ（見落としがちですが、大事な選択肢の一つ）を加えた計5色。それぞれの色の濃淡まで含めたら、いくつの帯が合わせられるかはきりがないほど。

合わせる色で表情を変える楽しみ広がる多色のゆかた

ゆかた 綿麻　更紗柄(源氏物語／堀井) **帯** 上から／黄色麻半巾帯(源氏物語／堀井)、紫縞　単博多半巾帯(きもの和處 東三季)、麻 羅織グラデーション半巾帯(きものやまと)、赤小千谷縮兵児帯(竺仙)

もっとも分量の多い紫と、地色のベージュ。これらの帯を合わせると、柄になじむシックなコーディネートになります。のっぺりした無地ではなく、グラデーションの美しい博多帯や素材感のある麻などを選べば、すっきり見えつつ小粋な印象に。さらに、柄の中から色を引いて小物に使うのも素敵。例えば帯留めに翡翠色、かんざしとペディキュアに紅を……といった具合に色数を増やすと、難易度は上がりますが、より洗練された印象になります。

黄色や赤など、強めの色の帯を合わせるとメリハリのきいたコーディネートに。こうしたわかりやすい色は子どもっぽくなりがちなだけに、素材やボリューム感を意識したいところ。ざっくりとしてちょっと苦みのある黄色い麻の帯や、上質感のある小千谷縮の兵児帯などを選んで大人の装いに仕上げましょう。

着まわしやすいのは
地色＋2〜3色

上／**ゆかた**　綿絽 鉄線唐草(紫織庵／GINZA和貴)　下／**ゆかた**　綿麻しじら織　女郎花柄(IKS COLLECTION／榎本)

翡翠色のようなアクセントカラーは、分量次第でイメージが変わります。大きく取り入れれば個性的かつ華やかに、わずかであれば羅織の麻の素材感と相まって、こなれた雰囲気になります。選ぶ色、素材感、分量によって、さまざまなニュアンスが楽しめる多色使いのゆかた。あれこれ組み合わせを試すのも楽しみのひとつ。あなたらしい、いろいろな着こなしを探してみましょう。

大胆な大柄ゆかたは どう着こなす？

インパクトの強い大胆な色柄のゆかたには、ついシンプルな帯を……と考えてしまいがち。でも中途半端な引き算は、かえってメリハリが強くなり、より着こなしが難しくなります。鮮やかな笹の葉が絞りで大胆にあしらわれたこんなゆかたをより魅力的に見せるには、同じくらいの強さで引き合う印象的な帯を。リズミカルな手描き縞の麻の帯にライムイエローの帯締めを効かせ、帯揚げ、バッグなどの白小物で抜けを作ると、強い色同士の組み合わせも軽やかな印象に。反対に、地色に同化するような濃紺の半巾帯で、柄の色が際立つマニッシュな着こなしも素敵です。

大胆×大胆
パワーバランスで
着こなす面白さ

右／**ゆかた**　綿麻　絞り大笹(京都一加)　**帯**　麻手描き縞九寸名古屋帯(竺仙)　**帯揚げ**　麻　白×薄墨色ぼかし(衿秀)　**帯留め**　象牙にてんとう虫(おそらく工房／衣裳らくや)　**帯締め**　三分紐　ライムイエロー無地(衣裳らくや)　**バッグ**　白のトートバッグ(アンテプリマ／ワイヤーバッグ)　**扇子**　カワセミ(宮脇賣扇庵 東京店)　**履物**　白木三味型　小千谷鼻緒下駄(辻屋本店)　左／**帯**　麻半巾帯　濃紺×錆浅葱色(IKS COLLECTION／榎本)

柄を引き立てる
なじませ帯には
小物でメリハリを

右／**ゆかた**　綿絽　大瓢柄（三勝）　**帯**　麻ぼかし半巾帯（三勝）　**帯留め**　七宝（くるり）　**三分紐**　白（京都一加）　**バッグ**　デニムのパッチワーク（JAMIN PUECH／H.P.FRANCE〈本社〉）　**日傘**（ポー／カルネ ルミネ横浜店）　**履物**　網代表　右近下駄（髙橋慶造商店）　左／**帯**　綿縮緬　幾何学半巾帯（ひでや工房）

柔らか色や同系色なら
大胆柄も着こなしやすい

上／**ゆかた**　板締め絞り　七宝(京都一加)
中／**ゆかた**　絹紅梅　縞に柳(れん／衣裳らくや)
下／**ゆかた**　綿麻　斜め格子(awai)

同系色の帯でなじませつつ、柄に使われた鮮やかな濃ピンクを小物で効かせた着こなしは、縦の流れが強調され、すらりと見せる効果が。白地の幾何学柄の帯なら、メリハリはつけつつも縦の流れを分断せず、リズム感のある個性的な装いに。リバーシブルの帯なら裏の色が見えるように結んで、後ろ姿にアクセントを。

細かい柄のゆかたを地味にしないためには？

着物っぽくも着られて重宝な細かい柄のゆかたですが、ともすれば地味になりがち。そうならないためには、無難にまとめるのではなく、コーディネートのイメージをしっかり持って、細かい部分まで気を配った着こなしを。シックな縞の近江麻に合わせたのは小千谷縮の名古屋帯。同系色ながらピッチの違う縞でメリハリのある組み合わせに。墨黒の麻半衿や切子の帯留め、艶のある下駄など重くなりすぎないエッジの効いた黒小物で引き締めつつ、白の帯揚げや銀細工のかんざしで抜け感と光をプラス。鮮やかな色を小さく散らし、華やぎを添えて。

意志のあるコーディネート
粋でクールな縞×縞

ゆかた　近江麻　横段縞、**帯**　麻ぼかし縞九寸名古屋帯、**帯揚げ**　飛び絞り（以上　京都一加）　**半衿**　麻墨ぼかし　衣紋に雪華の刺繍入り（れん／衣裳らくや）　**帯留め**　切子（小川郁子作／月日荘）　**帯締め**　二分半紐（れん／衣裳らくや）　**かんざし**　銀細工　波唐草（awai）　**扇子**　天水（文扇堂）　**バッグ**　ラタンのクラッチバッグ（ヴィオラドーロ／ピーチ）　**履物**　千鳥刺繍の鼻緒駒下駄（黒田商店）

茶の地色がシックな綿紬には、藍の麻の葉柄が際立つよう、あえてほぼ同色の兵児帯をセレクト。小千谷縮のざっくりとした素材感と細い青の縞も相まって、ナチュラルな大人の女性のイメージです。こんな組み合わせなら幼くならないので、兵児帯は少し大振りに結んでも素敵。

渋さと甘さが同居する更紗柄の絹紅梅には、素朴な味わいを活かし、柄の色と相性のいい暖色系のロートン織の半巾帯を合わせて、かわいらしい雰囲気に。大人っぽく仕上げるなら、地色とリンクさせた生成りの帯を合わせ、更紗柄の中のアクセントカラーである深い抹茶色の小物で引き締めても。色数のある細かい柄のゆかたは、コーディネートでいろいろな表情を楽しめます。

いろんなイメージで着こなせる
繊細さが魅力

上／**ゆかた**　綿麻　撫子（三勝）
下／**ゆかた**　綿絽　加賀染め（GINZA和貴）

P76右／**ゆかた**　綿紬　麻の葉柄　**帯**　小千谷縮兵児帯（ともに竺仙／水金地火木土天冥海）　左／**ゆかた**　絹紅梅　更紗柄　**帯**　ロートン織半巾帯（ともに竺仙）

ゆかたでどこまでお出かけできる？

たとえば、キャミソールにデニム、素足にサンダル。そんなカジュアルなおしゃれと、きちんとした印象のシンプルで上質な麻のワンピース。それぞれの着こなしを選ぶシーンは違いますよね。ゆかたも同じです。もし洋服で出かけるとして、前者のようなスタイルがOKな場所なら、ゆかたは素肌にさらりと一枚で着て半巾帯に素足で下駄、といった着こなしが似合います。後者であれば、半衿をつけて足袋をはき、名古屋帯を締めた着こなしを。その中間なら判断基準は好みでOK。たとえば、夜の屋形船。大人っぽく着こなしたいから名古屋帯を。とはいえ、かしこまりたくはないから衿はつけず足元は素足で——そんな感じでよいのではないでしょうか。ただ、あくまでもゆかたはカジュアルなもの。正装が必要なシーンにはふさわしくありません。そこはご注意を。

column5

《カジュアル例》

綿絽ゆかた
＋
半巾帯
＋
下駄

《きちんと例》

綿絽ゆかた
＋
名古屋帯
＋
足袋
＋
草履

カジュアル ←→ **きちんと**

・花火大会
・お祭り
・野外ライブ
・居酒屋

・屋形船
・カフェレストラン
・寄席

・美術館
・観劇
（※歌舞伎座の１階席はNG）
・料亭やホテルのレストラン
・目上の方と食事など

綿ゆかた ＋ 半巾帯（兵児帯） ＋ 下駄

綿絽・綿紅梅・絞りなどのゆかた
＋ 半巾帯（兵児帯） ＋ 下駄

綿絽・綿紅梅・絞りなどのゆかた
＋ 名古屋帯 ＋ 足袋（なしでもよい） ＋ 下駄 or 草履

綿絽・綿紅梅・絞りなどのゆかた
＋ 半衿 ＋ 名古屋帯 ＋ 足袋（なしでもよい） ＋ 下駄 or 草履

絹紅梅・麻などのゆかた
＋ 半衿 ＋ 名古屋帯 ＋ 足袋 ＋ 草履（下駄）

PART 4

ゆかた小物カタログ

ゆかたの楽しみは、ゆかたと帯だけではありません。着こなしの完成度を上げるのは小物の力。履物にバッグ、日傘、かんざし、アクセサリー……和装用にこだわらずとも、軽さのあるデザインならゆかたにも合いやすく、洋服と兼用で使えるものもたくさんあります。ぜひ取り入れてみてください。

日傘

着こなしの主役になりそうな
夏の陽射しに開く花

A　樫の木の柄に水牛の持ち手、エンブロイダリーレースの二重張りのパラソル(月装／ムーンバット)　B　小花プリント　木製の柄　オールハンドメイドの晴雨兼用パラソル(ポー／カルネ ルミネ横浜店)　C　木彫りのハンドル　本麻二重張りのパラソル(れん／衣裳らくや)　D　竹のハンドル　赤紺白の縞　麻のパラソル(黒田商店)　E　グレイッシュホワイトの綿麻地に刺繍された、縁から飛び出す葉っぱのパラソル(コッカ／ムーンバット)

バッグ・下駄

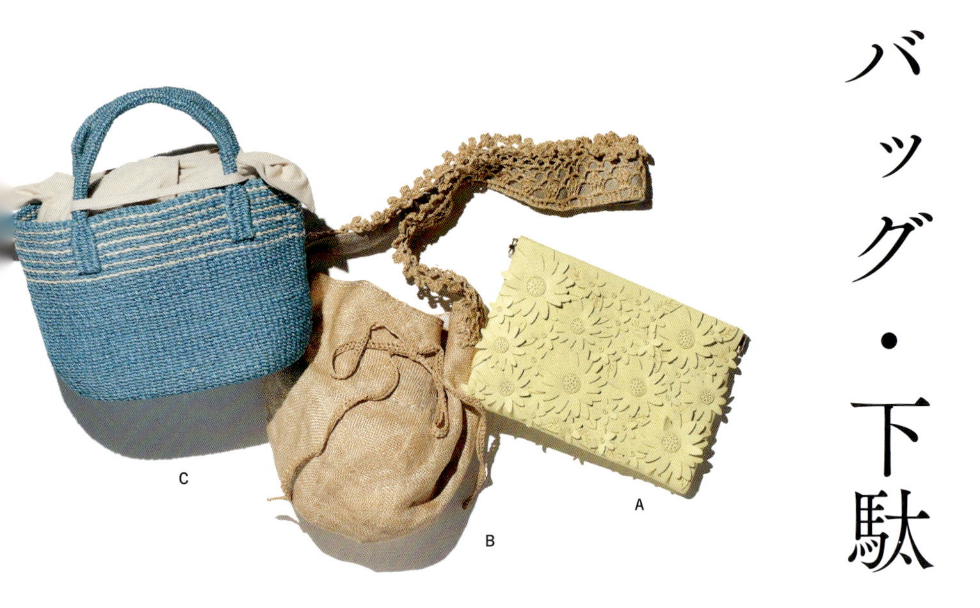
C
B
A

D
C
B
A

A　アクセントになりそうなマーガレットモチーフのクラッチバッグ（ケイト・スペード ニューヨーク／ケイト・スペード ジャパン）　B　サイザル麻のポシェット（エバゴス／マドリガル南堀江店）　C　リネンの目隠しつき 鮮やかなターコイズのアバカかごバッグ（BPQC／三越伊勢丹）　D　リネンの生地つき　ラタンバッグ（ikot／トライオン）　E　革のメッシュバスケット（ドラゴン／ユナイテッドアローズ 原宿本店 ウィメンズ館）　F　麻の葉編み胡桃かご（水金地火木土天冥海）

ゆかたに着替えて下駄はいて
いつものバッグで、さあ出かけよう

A　ボーダーの鼻緒　焼き印の入った郡上下駄（きものやまと）　B　細縞小千谷縮の鼻緒　糸春塗りの三味型下駄（辻屋本店）　C　真田紐の鼻緒　ゴマ竹表駒下駄（銀座ぜん屋本店）　D　手描き蛍　麻の鼻緒　網代表右近下駄（伊と忠／日本橋髙島屋 呉服サロン）　E　型染め鼻緒　刷毛目塗り舟底下駄（銀座ぜん屋本店）　F　縞鼻緒　市松表右近下駄（古今／伊勢丹新宿店）

帯留め

氷菓子みたいな甘さと涼しさ。帯回りを彩る小物

下段　右から
帯の上にぽつりと映える色鮮やかな天然石は、小さくとも効果的。優雅な帯挿しが特徴的なスモーキークォーツとターコイズの帯飾り(KAGUWA)　アンティーク　翡翠の帯留め　白の二分紐つき(灯屋2銀座店)　アメジストのしずく形帯留め(れん／衣裳らくや)　白蝶貝の帯留め(衣裳らくや)

中段　右から
繊細なシルバーのアイテムはひんやりクールな表情。銀細工の帯留め　雪華紋(吉見普光作／和こもの花影抄)　柳と蝙蝠が透かし彫りになった団扇(九九／カンナスタジオ)　銀線細工　桔梗六輪(松原智仁)　雪華の帯飾り(銀細工小銀杏／カンナスタジオ)　二分紐月白(れん／衣裳らくや)

上段　右から
透明感が美しい硝子細工の小物たち。紅が沈んだ繊細な蜻蛉玉の帯飾り(田上恵美子作／グラスギャラリー・カラニス)　ラムネ色の七宝の帯留め(京都一加)　斜め縞の江戸切子の帯留め(小川郁子作／月日荘)　モレッティガラスの横長帯留め(京都一加)　二分紐藤色無地(れん／衣裳らくや)

髪飾り

後ろ姿にアクセント。
ひとしすぐの光、鮮やかな色

A　右から
髪にも透明感をプラス。切子のようなカッティングと揺れる房が美しい黒のかんざし(きものやまと)　水の流れのような煌めきを添える水晶のかんざし(ノボルシオノヤ)　両端についた優しい色みのアメジストとベビーパールが、どちら側から見ても表情豊かなかんざし(れん／衣裳らくや)

B　右から
後ろ姿に鮮やかな色を散らして。意外とどんなゆかたとも合う。カラフルな天然石を並べたコーム(コレットマルーフ)　アンバランスな形が魅力的。夏らしいクリアな樹脂の玉かんざし(井登美)　グラデーションが美しい繊細な細みのバレッタ。髪の短い人にもおすすめ。(コレットマルーフ)

C　右から
光を集める銀細工のかんざし。雪華のようなパーツが華やかな銀細工のかんざし(ノボルシオノヤ)　モダンにもクラシカルなイメージにも見える透かしの銀かんざし。日本の職人が一点一点制作している(awai)　目を惹く圧倒的な存在感。巻き貝のバレッタ(ブリュイ／ストローラー)

リング&ピアス

遊びのある繊細なデザインなら ゆかたにも似合う

上 上から
貝モチーフのリング(IRIDIUM/H.P.FRANCE〈本社〉) トゥリング(ジュエッテ/ジュエッテ丸ビル店) パイライトインクォーツとルビーのリング(monaka jewellery/水金地火木土天冥海)

中 上から時計回りに
動きとともに光が揺れるしずく形のリング。いくつか重ねづけしても素敵。ブルークォーツ、シトリン、ローズアメジスト、ブラックトルマリンクォーツ、ホワイトアゲート(すべてマーキスアンドペアシェイプ/サルクル)

下/右 右から
硝子作家古川莉恵さん作のピアス。繊細な色は色鉛筆で彩られているのだそう(グラスギャラリー・カラニス) 夏らしいターコイズのイヤリング。かんざしの代わりに色を添えるアイテムとして(CLAUDINE VITRY/H.P.FRANCE〈本社〉)

下/左 上から
遊びのある片耳ピアス。ターコイズのキャッチがかわいい月モチーフのピアス(ジュエッテ/ジュエッテ丸ビル店) 透明感のある水晶のピアス(工房Minakusi) ロックピアス(monaka jewellery/ともに水金地火木土天冥海)

ペディキュア

爪先もほんのり色っぽく
きれいな素足で着こなすゆかた

ペディキュアは、ゆかたの色柄やかんざしなどとリンクさせても素敵。（上から）ゆらぎのある縞とゴールドのスタッズがモダン。帯留めみたいなストーンがきいた爽やかな白は、どんなゆかたにも似合う。大人っぽい藍のグラデーションは、爪の根元に入れたラメラインがくすみをなくして肌をきれいに見せてくれる。クリアな根元が清涼感のある“爪紅”イメージの赤いネイルは、紺×白のクラシックなゆかたに。朝露みたいなホログラムとストーン、シルバーグリッターがアクセントのフレッシュなライムグリーンネイル。／ネイルデザイン et Rire

間違いだらけの男性ゆかた

　男性の場合、着方とサイズ感で格好よさが全然違ってきます。大きすぎても小さすぎても格好よくは着られません。誤解されがちですが、お腹が出ていればいいというわけではなく、スーツの着こなしと一緒で、胸元が大事。鍛えていなくても姿勢でかなりカバーできます。衿は詰めすぎず開きすぎず。衣紋が抜けると、とたんに妙な女っぽさが漂うので、衿後ろは首にぴったり添わせます。帯は腰骨のあたりが基本。前下がり後ろ上がりになるように締め、着ているうちに上がってきたら、時々下げておきましょう。下半身は余分なゆるみのない裾つぼまりのシルエットが理想。男性のゆかたは無地っぽいものが多いので意外と腰のラインが目立ちます。汗取り代わりにもなる、ゆかたと同色か少し濃い色のステテコ（洋服用でＯＫ）をはいておくと安心です。

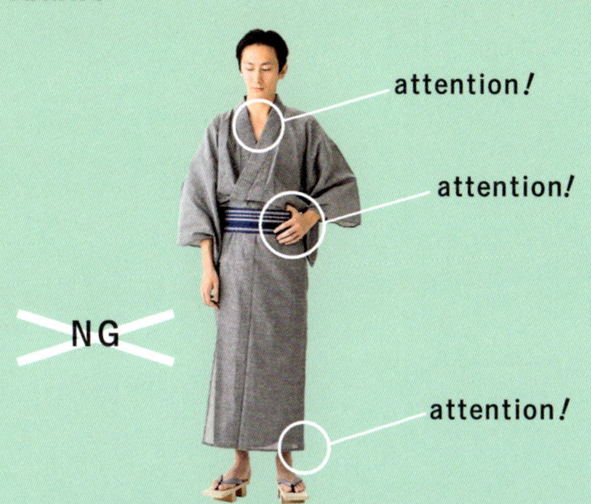

ポイントは姿勢、帯、シルエット

衿元がだらしなく開くのは、たいていの場合姿勢の悪さが原因。猫背の方は気をつけて。帯をちょうどウエスト位置に締めてしまうと、裾が広がり、太って見えるうえに、野暮ったい印象に。さらに、丈が短いと子どもみたいで格好悪い着姿になってしまいます。

正解!

軽く胸を張って姿勢よく!

衿は詰めすぎると暑苦しいので、のどのくぼみが見えるくらいに。帯は低めに、丈はくるぶしにかかるくらいがベストバランス。和装の履物は、かかとが少し出るくらいのものを選んで。

PART 5

大人の着つけ

ゆかたの着こなしには、何よりも清潔感が大切。ただラフに〝ゆかたが着られる〟だけではなく、〝美しくすっきりと着られる〟段階の大人の着つけを身につけましょう。ここでは理想とする着姿を叶えるために必要なアイテムや着つけのコツ、おすすめの帯結びをレッスンしていきましょう。

周りに涼しさを運ぶ、すっきり見える着つけ法とは

大人のお出かけゆかたの理想は、周りの人にも涼を運ぶたたずまいではないでしょうか。その涼感は、どんなに上質で素敵なゆかたを揃えたとしても、すっきりとした着つけなくしては叶えられないものです。ゆかたはどうしても着くずれしやすいものだからこそ、何よりも清潔感が大切。衿合わせやおはしょりの処理、下着のラインに気をつけるなど基本的なポイントをはじめ、着つけの際に意識することさえわかっていれば〝自然な着くずれ〟ですませることができます。大人の女性が覚えておきたい帯結びもご紹介しますので、ぜひ凛としたゆかた美人を目指してください。

目指したいのはこの着姿

衣紋（えもん）は抜きすぎず、衿元もあけすぎず

夏真っ盛りに着る、ゆかた。つい衣紋を抜きぎみにしてしまったり、衿元をあけすぎてしまったりする人も多いのではないでしょうか。けれどもそれでは、かえってだらしのない印象になり、涼やかな着姿からは遠のいてしまいます。衣紋の抜き加減は控えめにして、衿元の合わせ方はやや縦めに。丈は着物のときよりやや短めにすると軽やかな雰囲気になりますが、短すぎると子どもっぽくなってしまいます。横から見たときにちょうどくるぶしが隠れ、後ろはかかとがちらりと見える長さに。全体のシルエットとしては、裾つぼまりを心がけましょう。

衿元
あまりあけぎみにせず
縦長のVの字に
おはしょり
長すぎると野暮ったく
少し短めのほうが涼しげ
丈
着物よりやや短めが軽快
短すぎず長すぎずが理想
衣紋
衣紋の抜き加減は
控えめが好印象
裾
裾つぼまりで
後ろ姿もすっきりと

着つけに必要なもの

ゆかたと帯のほかに、帯板、伊達締め、腰ひも、肌着があればひとまず準備は完了。デパートのゆかた売り場や、呉服店で手軽に揃えられるものばかりです。

帯

ゆかた

帯板

通年使えるタイプでもOKだが、メッシュ素材のものを使えば暑さ対策に。ゴムひもつきが使いやすい。

伊達締め

胸元をおさえるために使う伊達締めが１本必要。夏素材の紗のものなどを使うと、暑さを軽減できる。

腰ひも

着物の着つけに適した手頃なモスリンのほか、楊柳や麻など夏向きの素材も。１～２本用意する。

肌着

手持ちのブラカップつきのキャミソールに、着物用の裾よけを組み合わせたパターン。ゆかた用のスリップがなくても、手持ちのアイテムをうまく組み合わせて。

ゆかたのインナーについて

ゆかた用のインナーにこだわらず、普段使いしている下着やペチコートを代用してもいいでしょう。上級者はあしべ織など快適な素材にもこだわって。タオルや手ぬぐいを使って体型を補整すれば美しい着姿に。

普段使いしている肌着とペチコートも、ゆかたのインナーに。衣紋を抜いても見えないよう、背中の衿ぐりが大きめのものを。

上下が一体になったゆかた用のスリップ。透け感のあるゆかたを着る場合は、丈がひざ下くらいまであるスリップのほうが安心。

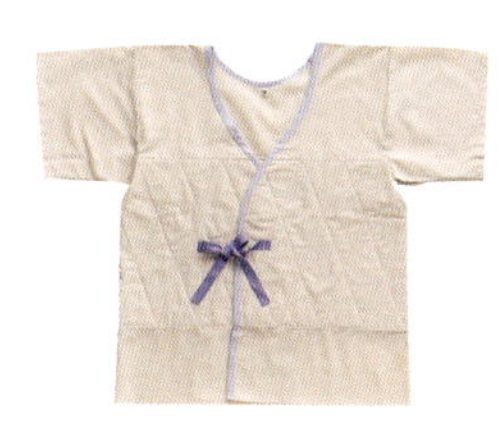

自然素材の燈芯（イ草）が重ねられた、あしべ織の肌着。吸湿性に優れ、ゆかたや帯に汗がうつるのを防いでくれる。補整がわりにも。

胸が大きめの人は、和装ブラでおさえて補整を。ヨガやランニングのときに使っているスポーツブラがあれば、それでもOK！

体型補整にあると便利！

手ぬぐい

胸元の補整には、手ぬぐいを三つ幅にして二つ折りにしたものがぴったり。透けない色柄のものを選んで。

タオル

腰が後ろに反っている体型の人は、タオルを折ったものをあてて補整を。汗を吸い取る効果もアリ。

ゆかたの名称

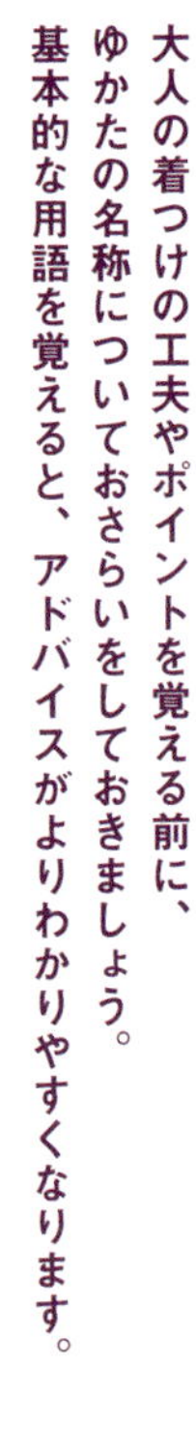

大人の着つけの工夫やポイントを覚える前に、ゆかたの名称についておさらいをしておきましょう。基本的な用語を覚えると、アドバイスがよりわかりやすくなります。

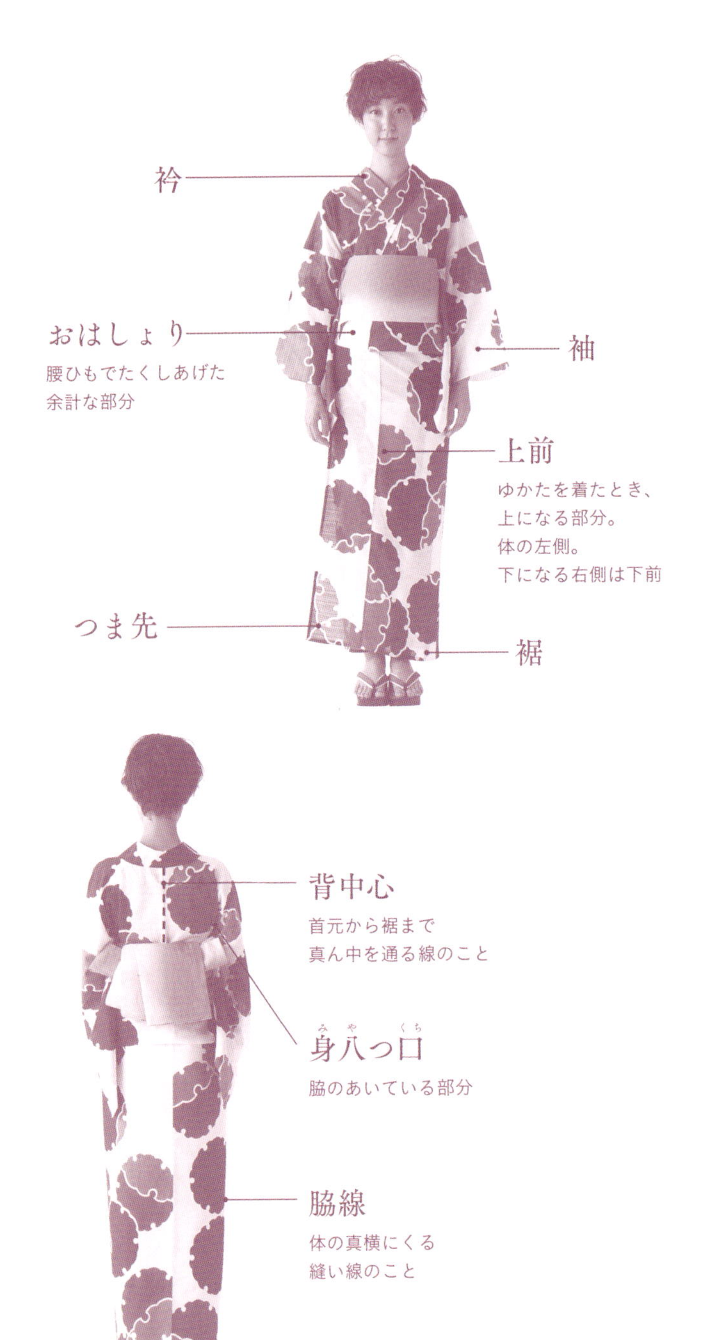

肌着をつける

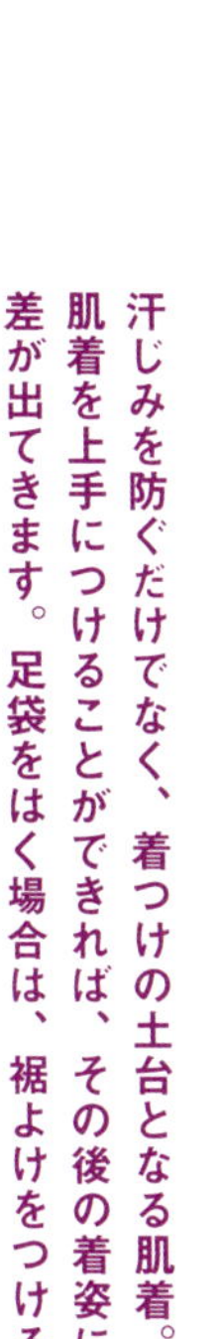

汗じみを防ぐだけでなく、着つけの土台となる肌着。肌着を上手につけることができれば、その後の着姿にも差が出てきます。足袋をはく場合は、裾よけをつける前に。

1

1）裾よけの両端を持って後ろから広げ、体の中心にあてる。右手側から腰にしっかりと巻きつけていく。

2

2）左側も同じように巻きつけていく。両端を斜めに引き上げるようにすると、裾つぼまりのシルエットに。

3

3）ひもを後ろ側で交差させ、前に回して蝶結びや片輪結びなどで結ぶ。結び目は真ん中ではなく横にずらして。

\ POINT! /

裾よけの丈はくるぶしよりちょっと上に

丈が長い場合は、お腹回りで折ってもOK。着つける前に縫って短くしたり、裾上げテープなどで長さを調整しても。お腹のお肉をぐっと引き上げるようなイメージで巻きつけると、自然と腰回りの補整もできる。

ゆかたをはおる

背中心をきれいに合わせるためには、最初のはおり方が大切です。衿の持ち方や開き方など、基本的なポイントを覚えましょう。

1）左右の衿先を両手で持って合わせ、背中側にそのまま持っていく。

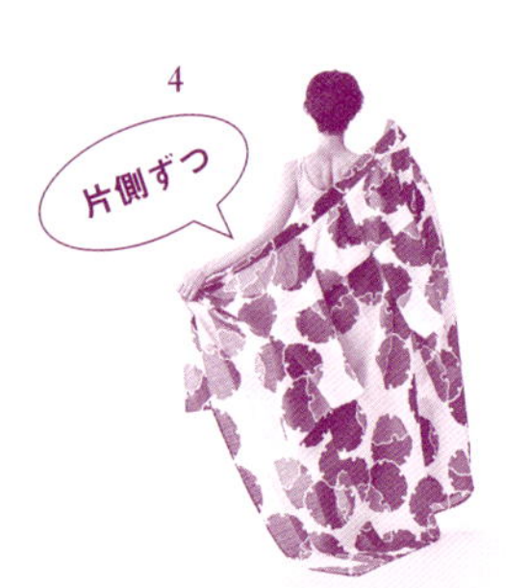

2）1で合わせた衿先を持った両手を背中に回す。3）それから両手を開く。4）右肩、左肩と片側ずつ順番に、ゆかたを肩にかけていく。

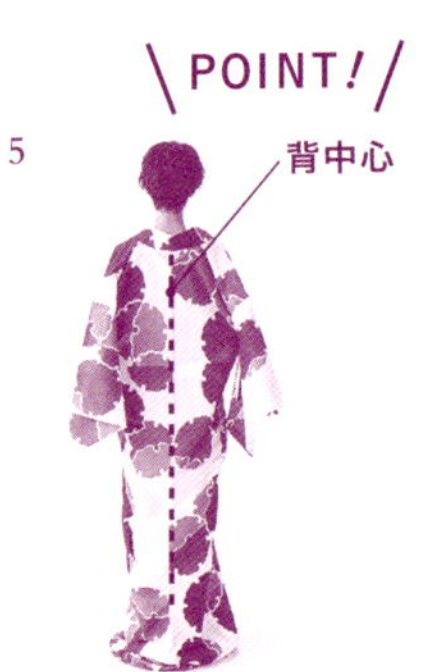

背中心が背中の真ん中にきていればOK

5・6）片側ずつはおったあと、片手で反対側の衿を持って手を通す。

洋服みたいに着るとうまく合いません！

洋服を着るときのように片側ずつ腕を通していくと背中心がずれ、きれいに着られない。

丈を決める

上前の幅を調整しながら、脇線、丈を同時に決めます。
上前、下前ともに、理想的な合わせ具合を身につけて。

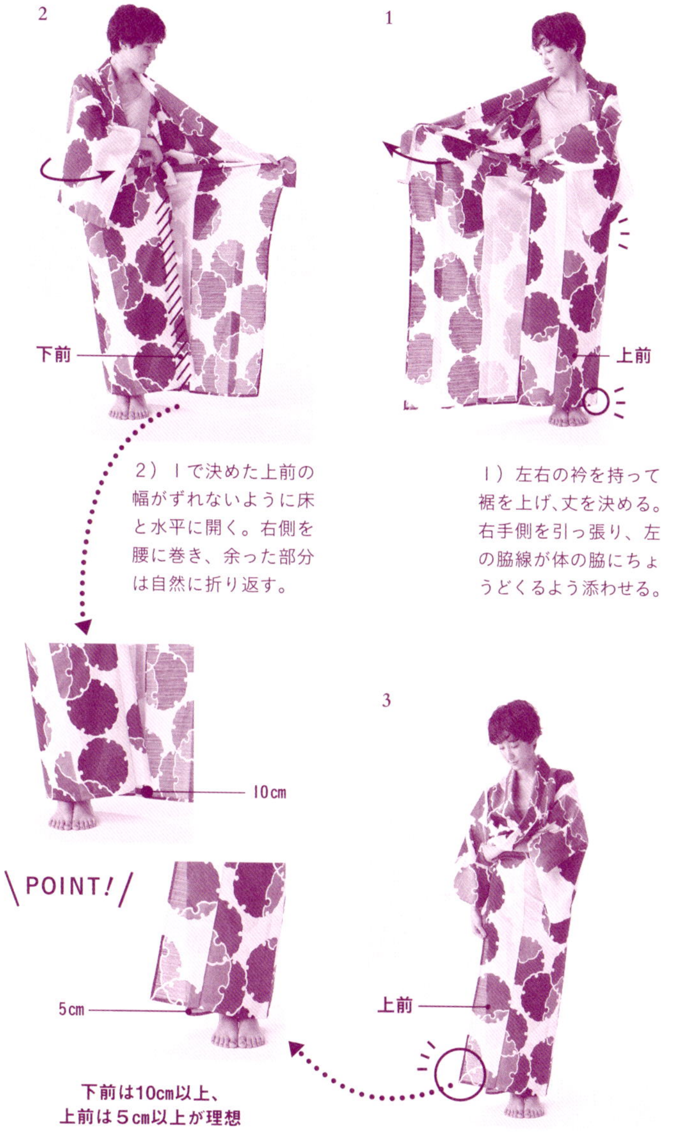

1）左右の衿を持って裾を上げ、丈を決める。右手側を引っ張り、左の脇線が体の脇にちょうどくるよう添わせる。

2）1で決めた上前の幅がずれないように床と水平に開く。右側を腰に巻き、余った部分は自然に折り返す。

3）つま先が少し上がるように上前をかぶせる。丈はくるぶしが隠れるくらいがベスト。

下前は10cm以上、上前は５cm以上が理想

下前は10cm以上上がるように巻き込み、上前は５cmほど上がるようにする。下前のつま先がしっかり上がっていれば、裾つぼまりに。

腰ひもを結ぶ

着くずれを防ぐためにもしっかり覚えたい、腰ひもの結び方。結び目がゴロゴロしないよう、きれいに処理することを心がけて。

腰骨にかかる
くらいの位置に

1）右手で腰ひもの中心を持つ。2）左手でおさえた腰骨のあたりにあてる。3）腰ひもを腰骨にひっかけるイメージで、左手を右腰側からすべらせていくとスムーズに結ぶことができる。

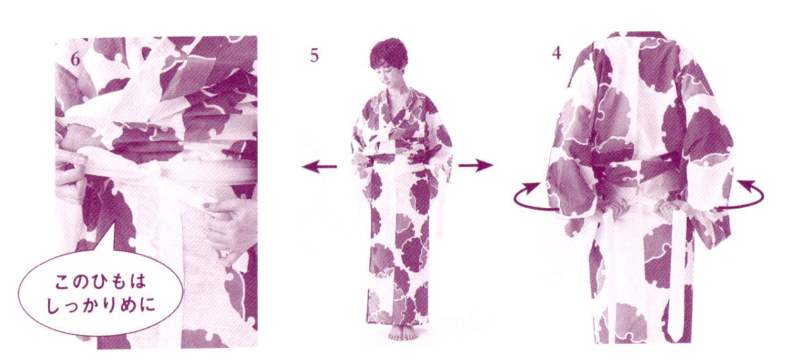

4）背中でひもを交差させ、手を持ちかえる。交点に近い位置で左右に引くと、しっかり締まる。5）左右に引くときは、両脇をしめたままキュッと。6）前で蝶結びか片輪結びに。

\ POINT! /

**結び目のデコボコがない
すっきりお腹を目指して**

腰ひもは、面で使うイメージで平らになるように結ぶこと。ひもはあらかじめアイロンをかけておくとよい。

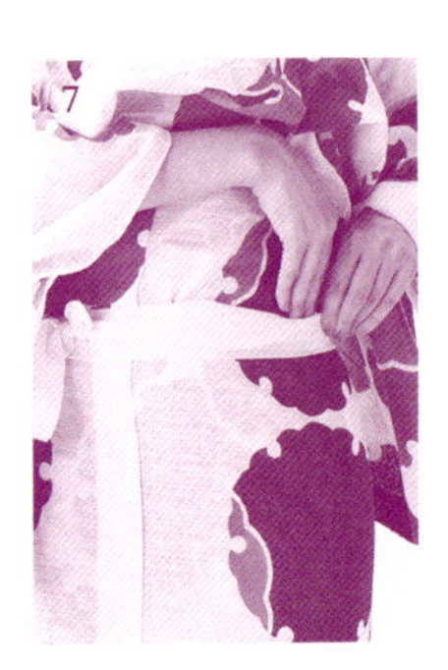

7）結んだひもの端を体に巻いたひもの内側にはさみ込む。

おはしょりを整える

腰ひもでたくし上げた部分＝おはしょり。身八つ口から手を差し入れ、腰ひものからまりなどに気をつけながらきれいに整えましょう。

1）身八つ口から背中側へそれぞれ手を入れ、手のひらを平らにして後ろのおはしょりをまっすぐきれいに整える。

＼POINT！／ 2）同じように身八つ口から前身頃側にもそれぞれ手を入れ、お腹部分のおはしょりもきれいに整える。

衣紋を抜く

背中心をしっかりと合わせたら、こぶしひとつ分より、ちょっと少なめを目安に衣紋の抜き加減を決めてみて。

1）左右の衿を正面で持ち、背中心が背中の真ん中にきていることを確認する。

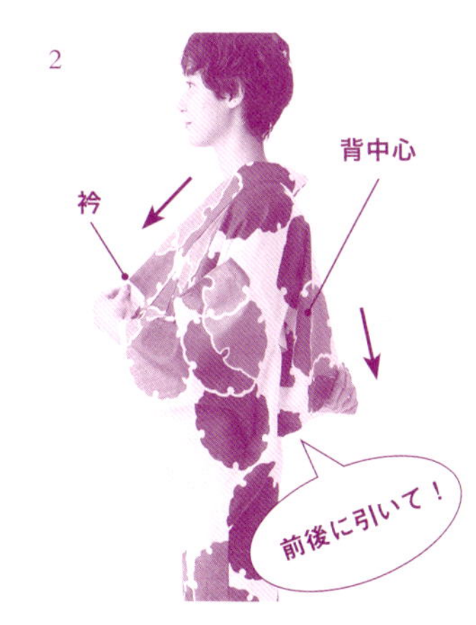

＼POINT！／ 2）片手で衿を持ち、反対側の手で背中心をつまんで前後に引きながら衣紋の抜き加減を決める。

下前を折り上げる

下前のおはしょりの部分をきれいに折り上げるプロセスを加えて、すっきりとした着姿に。着やせのポイントにもなります。

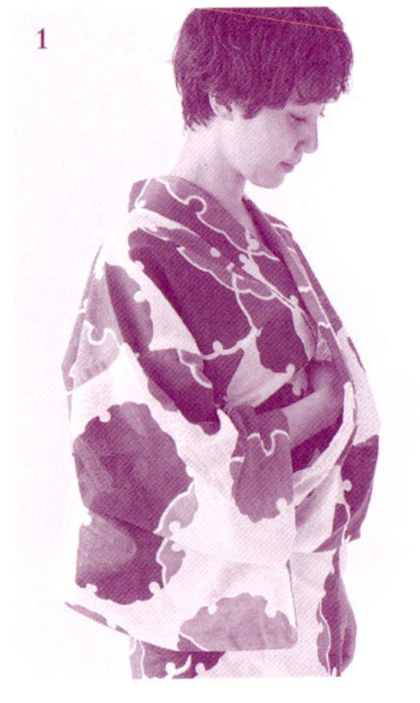

1）衣紋の位置をキープしたまま、胸を覆うように右の衿を沿わせる。2）左の身八つ口から手を入れて、下前のおはしょりの部分を胸の下で三角形になるように中で折り上げる。

※わかりやすく説明するためにゆかたの片側を脱いで撮影しています。実際はプロセス２のようにゆかたを着たまま、中で折り上げます。

＼POINT！／

下前の「折り上げ」が着やせの最大ポイント

下前のおはしょりが二重になっている部分を内側に三角形に折り上げる。このひと手間を加えることでおはしょりが一重になり、すっきりした着姿に。左手で折り上げた部分を押さえたまま右手で左の衿を持ち、胸を覆うように沿わせる。

伊達締めを結ぶ

腰ひもやおはしょりの処理と同じように、結び目を平らにすることを意識すれば、よりすっきりした着姿に。

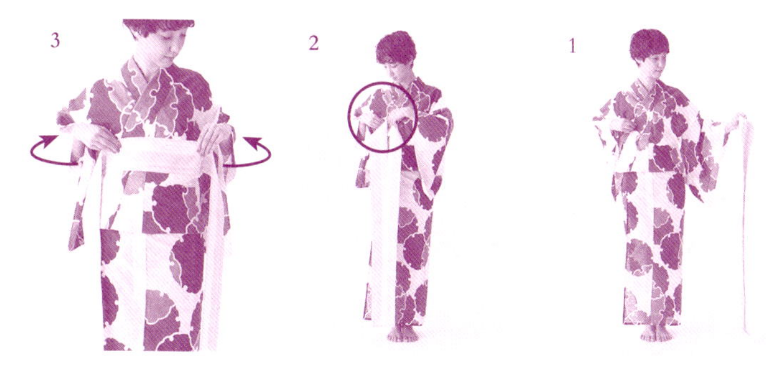

1）左手で伊達締めの中心を持つ。2）胸の下あたりに上から沿わせるようにあてる。3）前かがみにならないよう、背筋をのばしたまま、後ろに回す。

4）伊達締めを後ろで交差させたら、上側になっている部分を折り下げる。5）左右に軽く引き、前へ回す。6）蝶結び、片輪結び、またはからげるだけでもOK。

POINT!

360度、表面を平らにしてやせ見え効果を狙って

背中側の折り下げや、結んだあとの端の処理などに気をつけて、すべての表面を平らに。すっきり見えるうえ、帯も結びやすく、安定する。

しわを取り、整える

この段階で背中のしわを取り、余分なおはしょりも収めましょう。背中心がずれないように気をつけながら、きれいに整えます。

1）身八つ口に親指を差し入れ、背中のしわをそっとのばす。

2）おはしょりの外側の1枚目だけをつまみ、下に引っ張る。

3）伊達締めの下のあたりから、左側のおはしょりを下に引く。

4）余った部分は伊達締めの中に入れ込んで、すっきり整える。

5）伊達締めの下あたりから、右側のおはしょりを下に引く。

6）余った部分はタックをとってたたみ、おはしょりの中に収める。

衿元、衣紋、おはしょり、丈……
大人の凛としたゆかた姿はこれ！

着つけ、完成！

ほどよい衿元の合わせ、衣紋の抜き具合、おはしょりの長さ、短すぎず長すぎない丈など、理想の着つけを目指しましょう。

Check List

- □ 丈はちょうどいいか
- □ シルエットは裾つぼまりになっているか
- □ 背中心が背中の真ん中にきているか
- □ 衿はあきすぎていないか
- □ 衣紋はちょうどよく抜けているか
- □ おはしょりはきれいに折り上げられているか
- □ 背中、バスト、サイドはすっきりしているか

衣紋の抜き方は髪型と好みで決めて ＼POINT!／

衣紋の抜けすぎも詰まりすぎも、暑苦しく見えるもの。理想的な抜き方の基本は、首から「こぶしひとつ分よりちょっと少なめ」くらい。これをベースに、髪型や好みで決めてOK！　髪の毛をアップにする場合、高く上げるスタイルなら衣紋の抜きは控えめに。低めの位置でまとめるシニョンなら、衿があたらない抜き加減でバランスをとって。

大人が覚えたい帯結び2パターン

半巾帯の結び方といえばすぐに定番の文庫結びが浮かびますが、ちょっとかわいらしすぎるかな、と感じている人も多いのでは？
そこで大人のゆかたの着こなしにぴったりの結び方として、落ち着いた雰囲気を醸し出せる「割り角出し」をおすすめします。
さらに、簡単なのに女性らしい華やかさも感じられる兵児帯の結び方もご紹介しますので、ぜひマスターしてください。

割り角出し

半巾帯を使って角出し風に。半衿を合わせた着物風の着こなしでもOKな結び方です。

兵児帯

柔らかめの生地で幅広く作られた兵児帯。使いこなせばゆかたのおしゃれの幅が広がります。

割り角出しを結ぶ

文庫結びを卒業したら、ぜひこの結び方にチャレンジしてみて。一度覚えれば、どんなゆかたにも、大人のニュアンスを加えることができます。

1）あとで帯と一緒に回すので、背中側に帯板がくるようにつける。

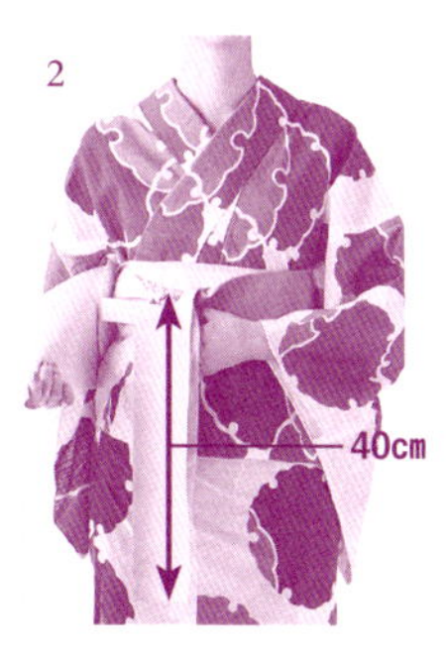

2）帯を40cmくらいの位置で半分に折り、そこをみぞおちにあてる。

3）ての部分を肩にかけ、落ちてこないようにおさえる。

4）折り上げた部分をおさえ込むように、たれの部分を巻いていく。

5）帯がゆるまないようにしながら、もうひと巻きする。

＼POINT！／

ゆるまないように
左右からキュッと！

6）たれをひと巻きしたあと、折り上げた根元に左手の親指をひっかけて右手でたれを引き締める。ふた巻き目もキュッと締める。

7）たれを内側に折り上げて半分の幅に。8）てを上にしてたれに重ねる。

9）てとたれをひと結びする。10）てを上に引き抜き、しっかり締める。

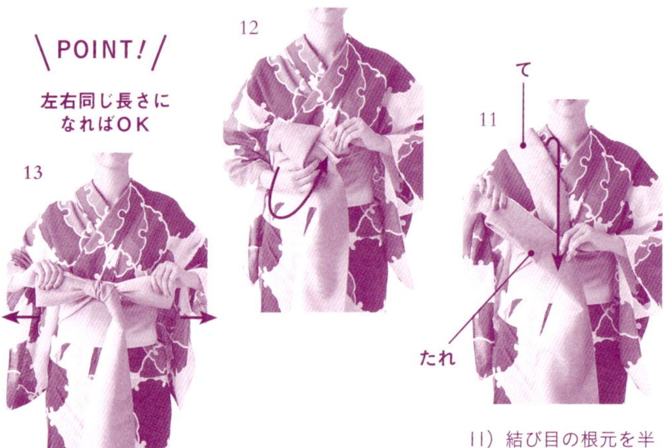

11）結び目の根元を半分折る。これが左右の「角」になる。

12）折ったたれにてを重ねて結ぶ。13）左右にしっかりと引いて結んで、角が完成。

14）たれの根元を広げる（リバーシブルの場合、メインにしたい色を表側に）。

15）たれの端を持ち上げ、体に巻いた帯と結び目の間に、下から通す。

16）たれは最後まで、引き抜く。

17）再びたれの端を帯と結び目の間に下から通し、途中まで引き抜く。

18）長さを調節しながら輪を作り、たれを2〜3回巻きつける。左右の角をピンと整える。

19）右手で結び目を、左手で背中心あたりの帯板と帯を持つ。衿元がくずれないよう右に回す。

＼完成！／

すっきりしながらも華やかな帯結び

20）帯の下線よりやや下にふくらみを持たせる。角の見え方や全体のバランスはお好みでアレンジを。

兵児帯を結ぶ

麻や絹を使ったものや、子ども向けではないデザインが増えている兵児帯。柔らかなボリューム感を生かして、大人のかわいらしさを演出して。

〈基本の蝶結び〉

1）帯の中心をみぞおちにあてる。2）あまりぎゅっと締めて細くならないよう気をつけながら軽く締め、背中で交差して前へ。

3）帯幅の中央あたりで蝶結びに。大きくしないほうが大人っぽい。

4）羽根の部分をしっかり広げて、ふわふわの素材感を生かす。

5）帯の端を揃えて持ち上げ、体に巻いた帯と結び目の間を下から上へと通す。

リボンの結び目を真ん中にするのがポイント！

帯を後ろへ回した後、前帯の幅を整えるとさらにきれいな仕上がりに。全体のバランスをみて、広すぎず狭すぎずのちょうどいいバランスに調整しましょう。

6）結び目にかぶせて完成。長い場合は何度か巻きつけて調整をする。

完成！

7）全体の形を整えたら、右手で前の結び目を、左手で後ろの帯を持ち、そっと右に回す。

〈お太鼓風アレンジ〉

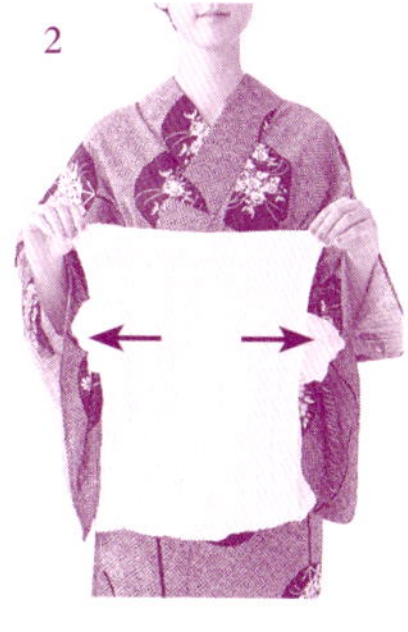

1）基本を参考にして、やや小さめの蝶結びに。
2）羽根は広げず、帯の端を揃えて広げ、持ち上げる。

3）結び目と体に巻いた帯の間を、上から下へと通す。長い場合は何度か巻きつけて長さを調整する。

完成！

4）基本を参考にして、衿元がくずれないよう、右にそっと回す。

ボリュームのある素材の兵児帯を選んでみて

PART 6

ゆかたのお手入れ

汗をかきやすい季節に素肌にまとうゆかた。そして、着物風に着ることもできる大人のゆかたは、上質な素材が多いからこそ、お手入れの知識も必要です。毎年、さっぱりとした気持ちでゆかたを楽しむためにも、脱いだあとのお手入れや、正しい保管の仕方を覚えておきましょう。

きちんと保管して来年も気持ちよく着たい

洋服とは違い、ゆかたを着るたびに洗濯やクリーニングをするのは難しいもの。だからこそ、自宅での簡単なケアが大切になります。家に帰ったらまずはハンガーにつるし、汗をかきやすい部分は固く絞ったタオルなどで湿らせて汗取りをしましょう。

汗をかいた状態のまましまうと、しみなどの原因にもなるので、シーズンの終わりにはクリーニングへ。なかでも絹が入った素材のゆかたや帯は、着物のお手入れのプロである悉皆屋(しっかいや)にお任せするのもおすすめです。きちんと保管して、来年も気持ちよく。夏の大切な一枚を長く着るためにも、しっかりとお手入れを。

ゆかたのたたみ方

縫い目を意識して丁寧に

1）衿を左、裾を右側にして、ゆかたを広げる。慣れないうちは完全に広げたほうがやりやすい。

2）裾のほうからたたむ。下前の脇の縫い目のところで向こう側に折る。

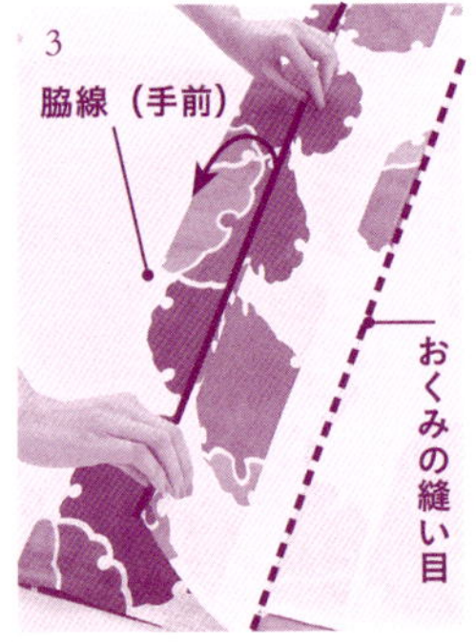

3）向こうの端を持ち、下前のおくみの縫い目を手前に向けて折る。

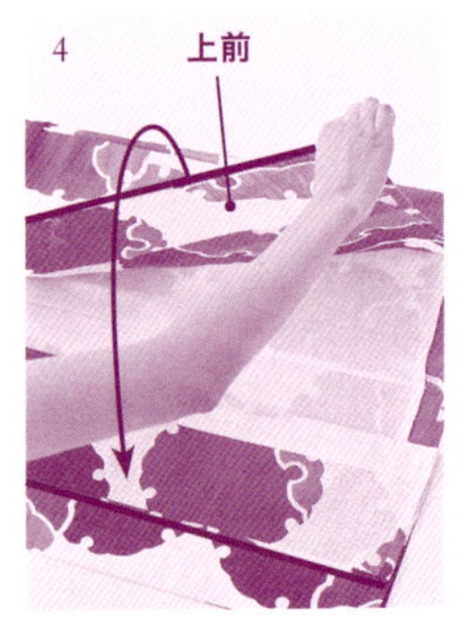

4）上前の端を持ち上げ、下前のおくみの端にぴったりと重ねる。

\ POINT! /

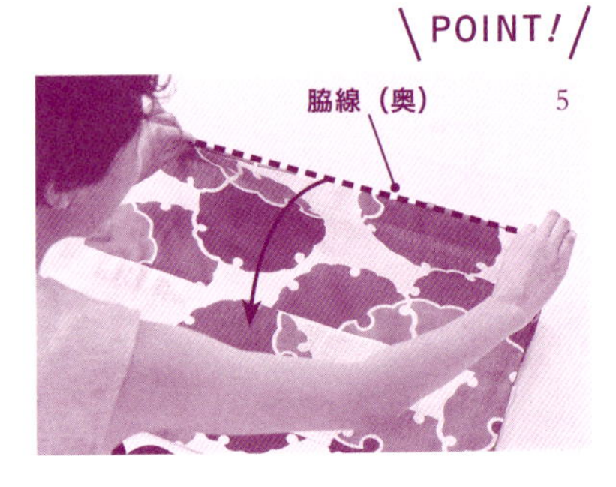

5）脇線（奥）側縫い目をつまんで少しふわっと持ち上げ、手前側に持ってくる。

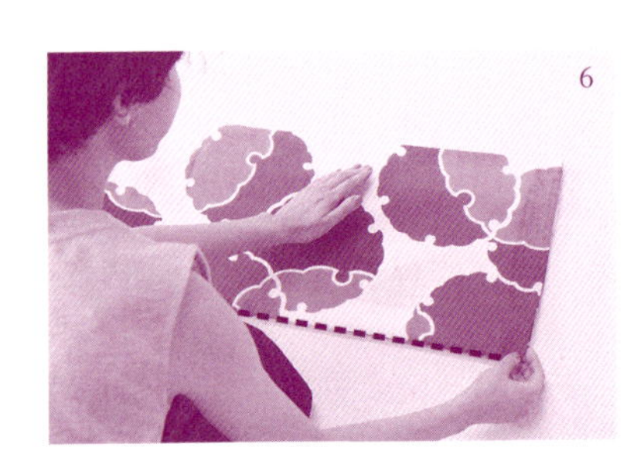

6）脇線（奥）と脇線（手前）がきれいに重なればOK。

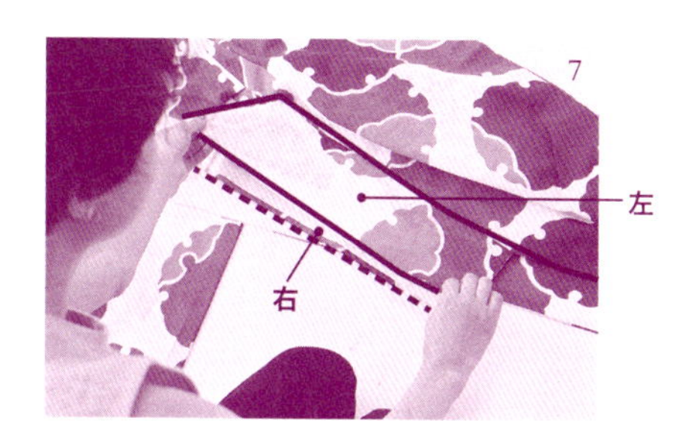

7）次に衿をたたむ。
まず左右の衿を重ねる。

8）首の後ろになる部
分の衿を内側に折りた
たむ。

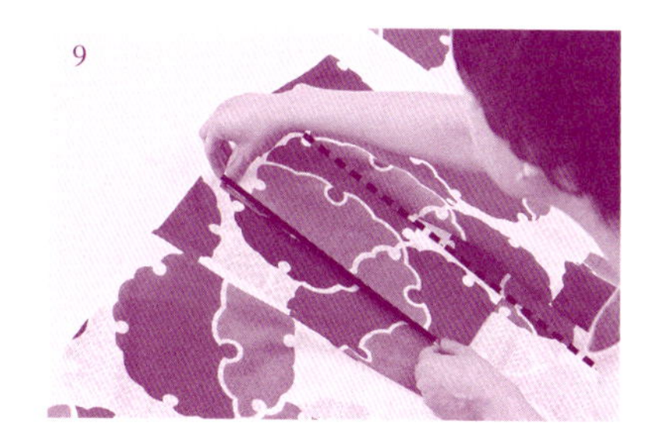

9）首元から衿先まで
まっすぐにのばす。

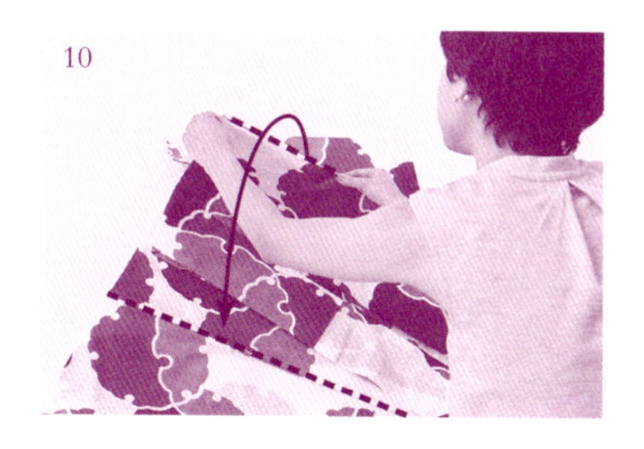

10）奥側の袖を持ち上
げ、手前へ折る。

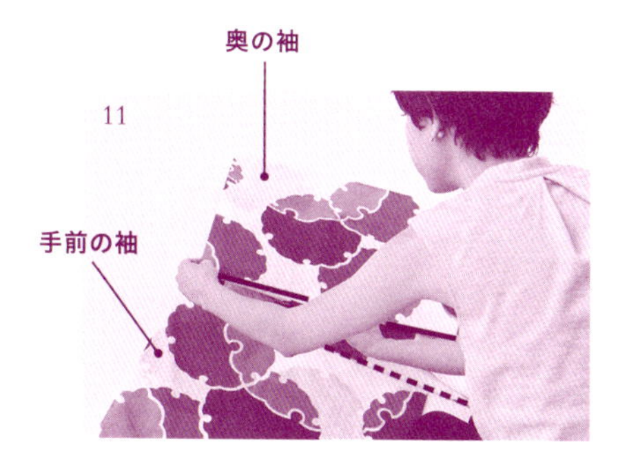

11）衿の上に折り返し
て、身ごろに重ねる。

12）同様に手前の袖も
折り返し、身ごろに重
ねる。

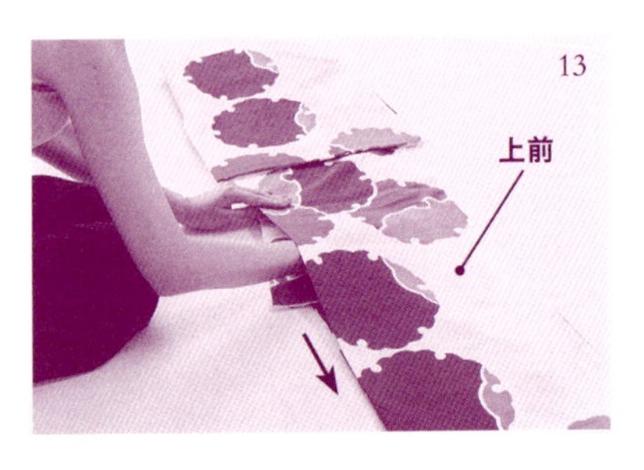

13）上前と下前の間に手を入れ、
上から下へすべらせて空気を抜く。

14）裾から1／3くらいのところ
に手を置き、裾を持ち上げる。

15）そのまま三つ折りにする（た
とう紙や収納場所に合わせたサイ
ズに）。

16）ゆかたは、たとう紙に入れて
収納を。季節最後にはクリーニン
グへ。

Q&A about OBI

帯はどうやってしまう？

汗をかいた日は汗を取ってから

帯をほどいたら、まずは手でしわをのばします。ゆかたと同じように汗を吸っているので、ハンガーにかけて一晩くらい置いておくといいでしょう。たくさん汗をかいてしまった日は固く絞ったタオルなどで軽くたたいて少し湿らせ（絹は要注意）、干しておきます。シーズンの終わりにはアイロンをかけてからたたみ、収納してください。

お手入れ Q&A

汗をたくさんかいてしまったら？

固く絞ったタオルで汗取りを

汗をたくさんかいた日は、胴回りやひざの裏、脇や胸、帯の下部分など汗をかきやすい部分を中心に、固く絞ったタオルではさみ、軽くたたいて湿らせてから一晩干しましょう。ゆかた、帯ともに絹が入った素材のものは、しみになるので湿らせすぎないよう注意を。

家に帰ってまずするべきことは？

ハンガーで干して湿気を取ります

ゆかたはまず、ハンガーにかけて風通しのよいところにつるします。両袖を広げてつるせる和装ハンガーが便利ですが、肩巾のある洋服用のハンガーでもかまいません。シーズン中に何回か着る予定がある場合は、それほど神経質にならなくてOKです。

クリーニングを利用するときのコツは？

戻ってきたらすぐにビニールから出す

２～３回着たものは着物やゆかたを得意としているクリーニング店や着物専門の悉皆屋へ出しましょう。糊は弱めに、絞りがつぶれないように……などリクエストも伝え、戻ってきたらビニールから出して収納します。

アイロンをかけるときに注意することは？

蒸気アイロンか軽く霧吹きを

脱いだあと、固く絞ったタオルで湿らせてもしわがのびない、着る前にたたみじわが気になるという場合は、蒸気アイロンか、あて布の上から霧吹きをしてかけます。縫い目を無理にのばさないように気をつけましょう。

下駄もお手入れが必要？

帰ったらまずは汚れを取って

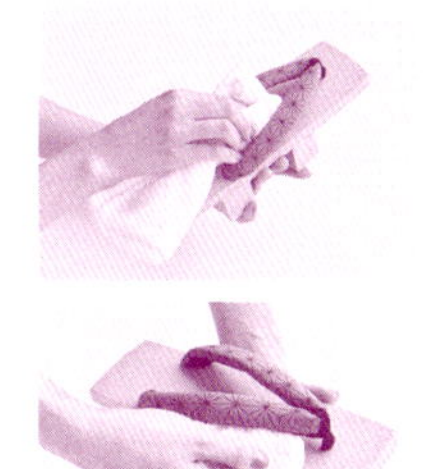

外出先から戻ったら、まずは土ぼこりや泥などの汚れを落としましょう。素足で履いていると、足の裏があたる台の部分もいつの間にか汚れているもの。固く絞ったタオルや手ぬぐいなどで台、脇、鼻緒の内側などをふいて、乾かしてから収納すると長持ちします。

PART 7

秋月さん推薦！
ゆかた・帯とゆかたまわりのお店

今回の本を作るにあたり、多くのメーカーやお店にご協力いただきました。確かな技術を用いて、正統派でありつつ新鮮な魅力を失わないモノ作りをしているメーカー、そしてそういった商品を取り扱っているお店。和洋を問わず、ゆかたの楽しみをより深めてくれる小物なども合わせてご紹介します。

※掲載された商品、情報は2016年5月末現在のものです。変更される場合や、問い合わせいただいた商品がない場合もありますのでご了承ください。クレジットを掲載していないものは、すべて参考商品です。

【ゆかた・帯】

メーカー

井登美（いとみ）

☎ 03-3662-2661
秋月さんがプロデュースしているブランド「れん」を一緒に作っている和装小物メーカー。オリジナル商品にも力を入れている。

榎本（えのもと）

☎ 053-453-5177
静岡県浜松市にあるゆかたメーカー。「IKS COLLECTION」は、デニム素材などにも力を入れているカジュアルライン。

衿秀（えりひで）

☎ 075-221-8706
京都の老舗小物メーカー。上品で質のよい帯揚げ、帯締め、半衿が揃う。日本橋三越本店や伊勢丹新宿店で取り扱いあり。

KAGUWA（かぐわ）

☎ 03-6805-0676
洗練されたオリジナルデザインのゆかたやゆかたまわりの小物を作っている。ユナイテッドアローズや伊勢丹などでも取り扱いあり。

デパート

伊勢丹新宿店（いせたんしんじゅくてん）

☎ 03-3352-1111（大代表）
和装小物やプレタのゆかたも充実。トレンドを意識した、個性的なオリジナル商品も毎年発表している。

日本橋髙島屋 呉服サロン（にほんばしたかしまや ごふく）

☎ 03-3211-4111（大代表）
京都の履物の老舗「伊と忠」と日本橋のゆかたの老舗「竺仙」とがコラボレーションした手描き鼻緒の下駄など、こだわりの商品作りが魅力。

日本橋三越本店 きものサロン（にほんばしみつこしほんてん）

☎ 03-3241-3311（大代表）
プレタよりも反物が売れるというだけあり、ゆかたの反物は素材も色柄も豊富に揃う。帯にバッグ、下駄などの小物も充実している。

BPQC（三越伊勢丹）（ビーピーキューシー みつこしいせたん）

www.bpqc.jp/
高品質で高感度なものを提供する三越伊勢丹のプライベートブランド。洋服にもゆかたにも似合う鮮やかなかごバッグは、装いのアクセントに。

ひでや工房（こうぼう）

☎ 075-371-5600
しぼのある綿ちりめんを使い、染めにもこだわった、どこかレトロな味わいを醸し出すゆかた、帯を作り続けている工房。

堀井（ほりい）

☎ 03-3664-7181
「源氏物語」は、ナチュラルな地色に手作業による繊細な柄付けが大人っぽいゆかたのシリーズ。髙島屋やユナイテッドアローズなどで取り扱いあり。

Kimono Factory nono（キモノ ファクトリー ノノ）

☎ 075-748-1005
大島紬など織のきものを中心に、スタイリッシュなカジュアルラインを提案するブランド。麻の兵児帯が人気。

三勝（さんかつ）

☎ 03-3661-8859
明治27年創業の日本橋の老舗ゆかたメーカー。人間国宝・清水幸太郎の技を受け継いだ長板中形染めや昭和初期の復刻柄などが素敵。

竺仙（ちくせん）

☎ 03-5202-0991
天保13年創業。ひと目で「竺仙」とわかるクオリティを維持しつつ、古典を極めつつも、毎年新鮮さを感じさせるセンスはさすが。

トリエ

☎ 06-6585-0335
色鮮やかな雪華絞りを筆頭に、カラフルで個性的な配色、デザインを得意とする着物メーカー。伊勢丹新宿店など全国で展示会を開催している。

西村織物（にしむらおりもの）

☎ 092-922-7038
締め心地がよく、創業150年を数える人気の博多織の老舗メーカー。毎年、洗練された色や柄の新商品を生み出している。

京都一加

☎ 075-213-2205
古典とモダンのバランスがほどよく、初心者も着慣れた人にとっても魅力のある、上質で洗練された品が揃う。東銀座店もある。

銀座津田家

☎ 03-3561-5576
大正3年創業の老舗和装小物専門店。半巾帯、帯揚げ、帯締めなどの小物をはじめ、肌着関係や舞台用の化粧品などの取り扱いも豊富。

GINZA 和貴

☎ 03-3538-8580
2016年7月9日、銀座にオープン。手頃な価格で手にとれるこだわりのオリジナル商品から上は人間国宝に至るまで、幅広い品揃えを誇る。

くるり

☎ 03-3403-0633
カジュアルで着やすい洋服感覚のプレタやリサイクルなども多く、ビギナーにも入りやすい。ジム感覚で通えるさまざまな和のレッスンも充実。

月日荘

☎ 052-841-4418
昭和初期に建てられた日本家屋を利用した、器や着物まわりの品々を取り扱うギャラリー。店主の眼鏡に適った品が集められている。

小売店

灯屋2銀座店

☎ 03-3564-1191
アンティークらしい凝ったものやエスニック系のものなど、面白い柄で状態がよい帯が良心的なお値段で見つけられる。

awai

☎ 03-5770-6540
博多織の老舗織元を母体とし、六本木に店舗を構える着物ブランド。無地感覚ですっきりと着こなせる、シンプルでスタイリッシュな商品が多い。

衣裳らくや

☎ 03-5623-9030
日本橋浜町にある石田節子さんのお店。純国産の紬を中心に、他にはない個性的なオリジナル商品を多く扱う。「れん」の取り扱いも。

きものやまと

☎ 03-3352-7014
素材感や染めにこだわりながらも、手頃な価格の商品ラインナップが嬉しい。半巾帯やかんざし、バッグなどの小物も充実。

きもの和處 東三季

☎ 03-3498-5600
東京・南青山にある隠れ家的なセレクトショップ。モダンで個性的なオリジナル商品も数多く取り揃えている。和の講座なども数多く開催。

【下駄】

辻屋本店

☎ 03-3844-1321　http://getaya.jp/
浅草に店を構える大正元年創業の老舗履物店。台や鼻緒も種類豊富で、手頃なお値段も嬉しい。熟練の職人が、足に合わせてぴったりすげてくれる。

楽艸

☎ 03-3873-2398
髙橋慶造商店から独立したオリジナルブランド「楽艸」。個性あふれる台や鼻緒の中から、好みや用途に合ったものをアドバイスしてくれる。

銀座ぜん屋本店

☎ 03-3571-3468
昭和 14 年創業の老舗の履物専門店。銀座の美意識に裏打ちされた、足元を美しく見せる上品ですっきりとした品が揃う。

黒田 商 店

http://hakimono.biz/
素材にこだわった個性的な鼻緒や台が多く、ファンの多い履物専門店。本店は香川県高松市。歌舞伎座ほか各地で催事を行っている。

髙橋慶造 商 店

☎ 03-3873-4562
浅草にある大正 11 年創業の老舗履物メーカー。履きやすさや素材にこだわりつつも、手頃な価格の商品も多い。

【和小物】

文扇堂（ぶんせんどう）

☎ 03-3841-0088
浅草・仲見世で創業120年以上の歴史を誇る扇専門店。江戸好みの粋な柄のものが多く、購入した扇子には名入れもお願いできる。

松原智仁（まつばらともひと）

http://matsubara-jewelry.com/
華奢な銀線を編み上げて作られる銀線細工作家の松原智仁さんの作品は、繊細で美しく、でもしっかりとした確かな存在感があり、ファンも多い。

丸山美術（まるやまびじゅつ）／アンティークモール銀座（ぎんざ）

☎ 03-3535-2115
アンティークの帯留めやかんざしなど、手に取りやすい価格帯のものも多い。こまめに入れ替わるので、時々覗くと掘り出し物に出会えるかも。

宮脇賣扇庵（みやわきばいせんあん） 東京店（とうきょうてん）

☎ 03-5565-1528
京都らしい華やぎのある品揃えの扇子専門店。季節を細やかに描いた美しいものが多く、夏に使う以外のものも揃えたくなる。

和（わ）こもの花影抄（はなかげしょう）

http://hanakagesho.shop-pro.jp/
作家ものの帯留めや帯飾り、かんざしなどを取り扱うギャラリー、「花影抄」運営のウェブショップ。一点ものの手の込んだ美しい細工物が揃う。

かごや

☎ 03-3393-4741
かご好きにはよく知られたお店。良質な自然素材を用いて丁寧な手作業で作られた、使い勝手のよい美しい細工のバッグが多く揃う。

カンナスタジオ

http://www.lily.sannet.ne.jp/kanna-studio/
秋月さんデザインの帯留め「九九」と「銀細工小銀杏」を作っている銀細工職人、山口緩奈さんのブランド。表情豊かで愛嬌のある帯留めが充実。

銀座（ぎんざ）かなめ屋（や）

☎ 03-3571-1715
着物、帯から草履、バッグに至るまで和装品を網羅。特に本べっこうに蒔絵を施したかんざしなど、上質な髪飾りの品揃えは圧巻。

にじゆら

http://nijiyura.com/
裏表なく染まる「注染」という技法で染められた手ぬぐい。現代作家による個性的なデザインが、職人の丁寧な手仕事によって表現されている。

濱文様（はまもんよう）

http://www.hamamonyo.jp/
横浜捺染という伝統的な技法を用いて、一枚一枚手作業で染められる手ぬぐい。使い心地のよい生地に、レトロモダンな柄がかわいい。

【洋小物】

ケイト・スペード ニューヨーク／ケイト・スペード ジャパン

☎ 03-5772-0326
遊び心のある個性的なデザインが多く、シンプルなゆかたにアクセサリーとして添えたり、バッグを主役にした着こなしにしたりと楽しめる。

コレットマルーフ

☎ 03-3499-0077
ＮＹ発の大人の女性に似合う、上質なヘアアクセサリーブランド。コームやクリップタイプなど、髪が短くても使えるデザインも多い。

ジュエッテ丸ビル店

☎ 03-3286-3288
繊細ながら目を惹くトゥリングや片耳ピアスなど遊び心のある個性的なアクセサリーが揃うブランド。手頃なお値段も嬉しい。

水金地火木土天冥海（すいきんちかもくどてんめいかい）

☎ 03-3406-0888
日本人デザイナーや職人の手仕事にこだわった個性的な品揃えのセレクトショップ。毎年６月にはゆかたフェアを開催。

ツル バイ マリコ オイカワ

☎ 03-6826-8826　http://www.tsurujapan.com/
きれいな色遣いで女心をくすぐるキュートなデザインが特徴的な、日本発のシューズブランド。バッグのデザインもかわいい。

H.P.FRANCE（アッシュ・ペー・フランス）（本社（ほんしゃ））

☎ 03-5778-2022
独自の審美眼で選ばれた、個性的な品揃えのセレクトショップ。ひとめぼれしてしまうような、ひとクセある商品が揃う。

アンテプリマ／アンテプリマジャパン

0120-03-6962
ファンの多いワイヤーバッグは、軽やかでモダンな印象に仕上げたいときにゆかたの色柄を選ばず合わせやすい。

i kot（イコット）／トライオン

☎ 06-6263-8025
ikot は、タガログ語で〝つむぐ、つなぐ〟の意。天然素材と丁寧な縫製技術で作られた、丈夫で手頃なお値段のバッグが充実。

エバゴス／マドリガル 南堀江店（みなみほりえてん）

http://www.madrigal.jp/
一目でわかるその個性的な佇まいと、丁寧な手仕事により何年も長く使える丈夫さにファンの多いバッグブランド。

グラスギャラリー・カラニス

☎ 03-3406-1440
多くの硝子作家の作品を取り扱うギャラリー。帯留めやリングなどのアクセサリーも充実。

ムーンバット

☎ 03-3556-6810
数多く取り扱う日傘ブランドの中でも、素材や細工にこだわりぬいて作られたオールメイドインジャパンのオリジナルブランド「月装」が特に素敵。

ユナイテッドアローズ 原宿本店(はらじゅくほんてん) ウィメンズ館(かん)

☎ 03-3479-8176
毎年、色や素材にこだわったオリジナルゆかたを発表。バッグなどの小物も豊富で、夏のカジュアルな小物は手頃でおしゃれなものが揃う。

ヴィオラドーロ／ピーチ

☎ 03-5411-2288
上質な素材を用いたメイドインジャパンのバッグブランド。洋服でも着物でも使えそうなかごバッグが豊富。

ノゥティー

☎ 03-3793-5113
海外で買い付けたアンティークをはじめ、手仕事感あふれる魅力的なアクセサリーや雑貨が揃うセレクトショップ。

ノボルシオノヤ

☎ 03-3486-4490
ジュエリーアーティスト、ノボルシオノヤ氏が手掛けるヘアアクセサリーは繊細でラインの美しいものが多く、後ろ姿を華やかに彩ってくれる。

プリュイ／ストローラー

☎ 03-3499-5377
LA でヘアアーティストとして活躍する YUYA TAKAHASHI 氏が手掛ける、大人の女性に向けたヘアジュエリーブランド。

ポー／カルネ ルミネ横浜店(よこはまてん)

☎ 045-453-5623
ポーはシューズデザイナー、柳典子さんによる日傘ブランド。ハンドルやボタンにもこだわり、日本の職人によって作られている。

マーキスアンドペアシェイプ／サルクル

☎ 06-6310-6191
天然石を用いた、洗練されたデザインが素敵なアクセサリーブランド。繊細でシンプルながら、存在感のあるアクセサリーが多い。

おわりに

実際にこの本を書いている今、季節はようやく春を迎えたところです。毎年、年明けすぐに私にとってのゆかたシーズンがスタートし、ゆかたに追いまくられているうちに冬が終わり春が過ぎて、気がつけばもう夏が目の前で……。そんな一年の前半を、このお仕事をさせていただくようになってからずっと続けてきました。街中でゆかた姿の女性を見かける頃には、早いものではもう次のお正月の撮影が始まっていたりして(苦笑)。

本書では、ゆかたが着たくてうずうずするような素敵なコーディネートを、とにかくたくさんご紹介したいというコンセプトのもとに、全部で50点ほどのゆかたの着こなしを掲載しています。〝粋〟とか、〝かわいい〟とか、一見醸し出す印象はそれぞれ違いますし、ビビッドな色使いやモダンな意匠のものもありますが、結局そのすべてにおいてベースにあるのは〝古典〟と呼ばれる要素なのだなと、改めて見返してみると感じます。〝新鮮〟で「今、着たい」、そんなゆかたの数々をご紹介できていたら、そして一つでもこんな着こなしがしたい！　と思っていただけるものがありましたら幸せです。

最後になりましたが、本書を手に取ってくださった皆さま、この本作りに関わってくださったスタッフの皆さまに御礼申し上げます。

ありがとうございました。

秋月洋子

秋月洋子（あきづき・ようこ）

着物スタイリスト。
広告代理店勤務を経て、「衣裳らくや」の店主、石田節子氏に師事。5年半にわたり、着物に関する知識、スタイリングや着つけを学び、2003年に独立。雑誌や書籍のほか、テレビ、CM、映画等においてスタイリングや着つけ、記事執筆等を手掛ける。着物まわりの小物ブランド「れん」、オリジナルデザインの帯留めブランド「九九」など商品プロデュースも手掛けており、いま最も人気の着物スタイリストのひとり。書家としての側面も持ち、自筆の書をデザインに取り入れた着物や帯も手掛けている。著書に『秋月洋子のおでかけ着物コーディネート帖』『大人のおでかけゆかたコーディネート帖』『おでかけ着物歳時記』（以上、小学館）がある。

取材協力
細谷美香

撮影
嶋田礼奈（本社写真部）

ブックデザイン
田中久子

モデル
原智美、中野雄貴

ネイルデザイン
et Rire／ネイルサロン エリール
東京都港区南青山3-18-9 SAKURAHOUSE 2F
☎03-3470-1184（完全予約制）
http://www.etrire.jp/

カバー袖・扇子／文扇堂、手ぬぐい／濱文様

講談社の実用BOOK
大人（おとな）のゆかた スタイルブック
似合（にあ）う1枚（まい）が見（み）つかる。きれいに着（き）こなす。

2016年5月19日 第1刷発行

著者 秋月洋子（あきづきようこ）

発行者 鈴木 哲
発行所 株式会社 講談社
〒112-8001 東京都文京区音羽2-12-21
編集 ☎03-5395-3529
販売 ☎03-5395-3606
業務 ☎03-5395-3615

印刷所 大日本印刷株式会社
製本所 大口製本印刷株式会社

ISBN978-4-06-299848-2